Chapitre 1
EXERCICES ÉCRITS

La grammaire à réviser

A. Une rencontre au café. (p. 1)

1. présente
2. m'appelle
3. tutoie
4. espère
5. dérangeons
6. finis
7. espérons
8. réussissons
9. attendons
10. vendent
11. achète
12. répétons
13. agaçons
14. rends

Une question d'interprétation.

Probablement pas. Alain et Hervé sont colocataires, et Sylvie vient de faire leur connaissance. Sur la photo, la fille et un des garçons semblent former un couple.

B. Une interview sur les jeunes et les voyages. (p. 3)

Answers will vary. Sample answers:

1. Vous faites un voyage chaque été?
2. Essayez-vous d'apprendre la langue des pays que vous visitez?
3. Vos parents vous donnent-ils de l'argent pour voyager?
4. Est-ce que vous devez travailler dur pour gagner de l'argent pour voyager?
5. Ça vaut la peine (de travailler dur), n'est-ce pas?

C. Dur, dur de voyager! (p. 3)

1. Reste assis.
2. Finis ton dîner.
3. Ne parle pas si fort.
4. Sois sage.
5. Rends les écouteurs à l'hôtesse.

D. Voyageur à Paris—le savoir-faire de l'invité. (p. 4)

1. N'arrivez pas…
2. Apportez…; mais n'achetez ni des roses rouges ni des chrysanthèmes.
3. Serrez…; faites-leur la bise…
4. … attendez…
5. Finissez votre assiette…
6. Sachez…; ayez…

Leçon 1

A. Saluer, présenter, et prendre congé. (p. 5)

1. Je suis heureux/heureuse de faire votre connaissance.
2. Oui, pas mal, merci.
3./4./5. *(in any order)* Bonne soirée! Bon week-end! À lundi!
6./7./8. *(in any order)* À bientôt!/Ciao! À tout à l'heure! À cet après-midi!

B. Prendre le train: quelques conseils. (p. 5)

1. retrouver
2. installer
3. une place/des places réservée(s)
4. une place/des places de libre
5. une couchette/des couchettes
6. rencontrer

C. Little Brother vous surveille. (p. 6)

Answers will vary for the response to each question.

1. vivez
2. conduit
3. souriez
4. meurent
5. cours
6. suivent
7. ris

D. Mademoiselle «Je sais tout». (p. 7)

1. connaissez
2. sait
3. sais
4. sait
5. savez
6. connais
7. connaît
8. savent
9. savons

Un peu d'argot.

1. Ne perds pas la tête!
2. sympa
3. Elle a de la veine
4. nulle
5. mon vieux
6. gars
7. nana
8. super
9. Ça me rend furieux!

E. Les États-Unis ne sont pas la France. (p. 8)

Answers will vary.

Leçon 2

A. Un voyage difficile. (p. 9)

1. voyage d'affaires
2. desservie
3. quel temps fait-il
4. renseignements
5. tarifs
6. vols
7. aller-simple
8. aller-retour
9. départ
10. Tu as entendu parler de ce qui s'est passé
11. annuler
12. frais d'annulation
13. horaires
14. guichet
15. billet
16. Quelle heure est-il
17. arrivée
18. quai
19. indiqué
20. Tu as passé une bonne journée
21. valable

B. Salut! Je me présente. (p. 10)
Answers will vary. Sample answers:
1. Voilà (deux semaines) que je voyage en France.
2. Je suis arrivé(e) en France il y a (15 jours).
3. Ma famille et moi, nous vivons dans l'état de (Californie) depuis (10 ans).
4. Ça fait (un an) que je suis étudiant(e)/lycéen(ne) à (l'université de Chicago) [au lycée public de Stillwater].
5. Il y a huit ans que je fais (du piano).

C. Règle ou exception? (p. 11)
Exceptions: la main, la fin, le squelette, l'eau, le Mexique, la plage, le bonheur, le musée
À vous, maintenant! *Answers will vary.*

D. Tout le monde peut se tromper! (p. 12)
1. Euh, c'est plutôt Mme Brigolin, mais c'est bien une boulangère.
2. … M. Duras… un ouvrier
3. … Mme Cartier… une femme professeur (une professeure)
4. … Mme Desroches… une femme cadre
5. … M. Beauvais… un chanteur
6. … Mme Denis… une pharmacienne
7. … M. Carles… un médecin
8. … Mme Careil… un auteur (une auteure)

Langue et culture.
professeur, cadre, médecin, auteur
Answers will vary. Sample answers:
Les professions qui n'ont pas de féminin n'étaient pas considérées comme des professions pour les femmes.

Peut-être à cause de l'esprit révolutionnaire au Québec, ou de l'influence du féminisme et du langage «gender neutral» en Amérique du Nord, ou parce que les Franco-Canadiens semblent moins hostiles aux mots inventés (ou importés d'autres langues [comme l'anglais]) que ne sont les académiciens français.

E. Tout le monde est poète! (p. 13)
Irregular plurals: Hiboux / hiboux / poux / choux / genoux / yeux / bijoux / cailloux / joujoux / hiboux / genoux
À vous, maintenant! *Answers will vary.*

F. Portrait de famille. (p. 13)
1. eaux
2. forêts
3. produits
4. fils
5. cheveux
6. yeux
7. festivals
8. journaux
9. actualités
10. sciences
11. bijoux
12. jeux
13. d'animaux
14. Duchet
15. choix

G. L'art de la conversation. (p. 14)
Answers will vary.

Leçon 3

A. Eh bien, mon chéri… (p. 14)
1. Papa, c'est quoi «une carte de crédit»?
2. Papa, c'est quoi «un chéquier»?

À vous, maintenant! *Answers will vary.*

B. Demander / Proposer de l'aide. (p. 15)
Answers will vary. Sample answers:
1. (probablement) formel
   Si vous voulez, je peux vous aider à préparer le rapport.
2. informel
   (Chéri), est-ce que tu pourrais m'aider un peu?
3. formel
   Pardon, monsieur/madame, pourriez-vous me dire où se trouve l'ascenseur?
4. informel
   Laisse-moi t'aider.

C. Une demande de renseignements. (p. 16)
1. voudrais
2. serait
3. Pourriez
4. plairait
5. aimerais
6. Auriez
7. faudrait
8. serais

Questions de compréhension.
1. I am a student at X College/X High School. Peut-être le début français. Dans ces circonstances, l'employé sait tout de suite ce que veut la personne qui a écrit la lettre.
2. une documentation
3. Sincerely yours (etc.)

D. À l'hôtel. (p. 17)
Answers will vary. Sample answers:
1. Nous voudrions une chambre pour deux.
2. Est-ce que je pourrais payer avec la carte bleue?
3. Auriez-vous la gentillesse de nous téléphoner à 7h demain matin?
4. Est-ce que ce serait possible de prendre le petit déjeuner dans la chambre?
5. Pourriez-vous préparer notre note, s'il vous plaît?
6. Il nous faudrait un taxi pour aller à l'aéroport.

E. Un voyage de rêve. (p. 18)
Answers will vary.

EXERCICES DE LABORATOIRE

Phonétique

D. (p. 20)

Véronique n'est pas allée en classe aujourd'hui. Elle était malade. Du moins, elle a dit qu'elle était malade.

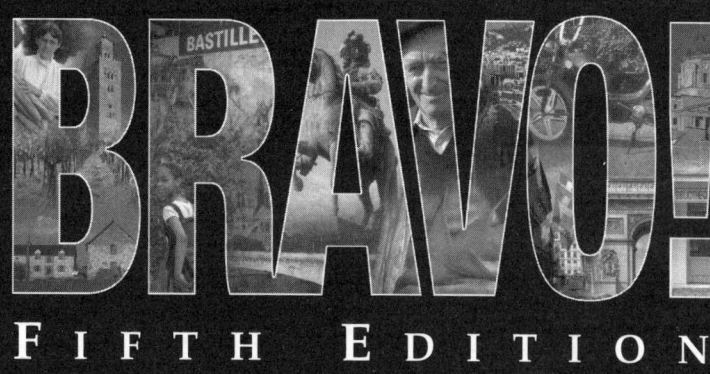

FIFTH EDITION

Answer Key to

CAHIER D'EXERCICES ET MANUEL DE LABORATOIRE

with Lab Audio Script

Janet L. Solberg
Kalamazoo College

Larissa G. Dugas
Kalamazoo College

Judith A. Muyskens
Colby-Sawyer College

Linda L. Harlow
The Ohio State University

Australia • Canada • Mexico • Singapore • Spain • United Kingdom • United States

BRAVO!
Answer Key to
Workbook/Lab Manual w/Lab Audio Script
Fifth Edition
Solberg • Dugas • Muyskens • Harlow

© 2005 Thomson Heinle, a part of the Thomson Corporation. Thomson, the Star logo, and Heinle are trademarks used herein under license.

ALL RIGHTS RESERVED. No part of this work covered by the copyright hereon may be reproduced or used in any form or by any means—graphic, electronic, or mechanical, including photocopying, recording, taping, Web distribution, information storage and retrieval systems, or in any other manner—without the written permission of the publisher.

Printed in the United States of America at P.A. Hutchinson Company

1 2 3 4 5 6 7   08 07 06 04

ISBN 1-4130-0315-X

Contents

Workbook/Laboratory Manual Answer Key

Chapitre 1
Exercices écrits 1
Exercices de laboratoire 2

Chapitre 2
Exercices écrits 4
Exercices de laboratoire 5

Chapitre 3
Exercices écrits 6
Exercices de laboratoire 8

Chapitre 4
Exercices écrits 8
Exercices de laboratoire 10

Chapitre 5
Exercices écrits 11
Exercices de laboratoire 12

Chapitre 6
Exercices écrits 13
Exercices de laboratoire 15

Chapitre 7
Exercices écrits 15
Exercices de laboratoire 17

Chapitre 8
Exercices écrits 18
Exercices de laboratoire 20

Chapitre 9
Exercices écrits 21
Exercices de laboratoire 22

Chapitre 10
Exercices écrits 23
Exercices de laboratoire 25

Laboratory Audio Script

Chapitre 1 27
Chapitre 2 35
Chapitre 3 44
Chapitre 4 53
Chapitre 5 60
Chapitre 6 67
Chapitre 7 75
Chapitre 8 82
Chapitre 9 91
Chapitre 10 99

En réalité, elle a menti. Elle avait envie de conduire sa décapotable au supermarché pour y acheter des provisions. Elle n'est pas raisonnable. Elle aurait mieux fait d'aller en classe et de travailler. Elle ne réussira jamais dans la vie avec une attitude comme celle-là.

Leçon 1

B. La bonne réponse. (p. 20)
1. a
2. c
3. b

Leçon 2

C. Confidence pour confidence. (p. 22)
1. VRAI
2. FAUX (Ça fait des années qu'ils y habitent.)
3. VRAI
4. FAUX (Elle donne des cours d'anglais.)
5. FAUX (Elle en avait cherché pendant plus de deux ans.)

Leçon 3

B. La bonne réponse. (p. 23)
1. –
2. +
3. +
4. –

E. Extrait d'un journal intime. (p. 24)
le 20 novembre
Aujourd'hui j'ai vu un film à la télévision. C'est l'histoire de la vie d'une femme médecin qui vit en Afrique, et y meurt dans un accident de voiture. Je voudrais devenir actrice après avoir fini mes études. Les acteurs célèbres ont une vie si intéressante; ils travaillent dans beaucoup de pays, ils vont à des festivals de cinéma, ils font la connaissance de stars et de critiques internationaux. Ils ont une vie très variée et fascinante. J'adore ce style de vie. Voilà déjà longtemps que j'y pense. J'ai juste une question: Que diraient mes parents?

F. Mon billet! (p. 25)
3.

G. Ah, les vacances! (p. 25)
1. NON (Le TGV s'arrête pendant deux minutes à la gare de Lyon.)
2. NON (Vous allez directement à Nice.)
3. OUI
4. OUI
5. OUI

H. La cérémonie d'ouverture des Jeux. (p. 26)
1. à Olympie en Grèce, le 10 mai 2000
2. Elle a porté la flamme olympique.
3. le président du comité olympique international et le gouverneur général d'Australie
4. cent jours
5. une célébration de l'Australie, des couleurs, des lumières, des danses, des chants, des acrobaties et un défilé des athlètes

I. Des chiffres. (p. 26)
1. a
2. c
3. a
4. c
5. b
6. a

Sujets de conversation (p. 27)
Please see the map below.

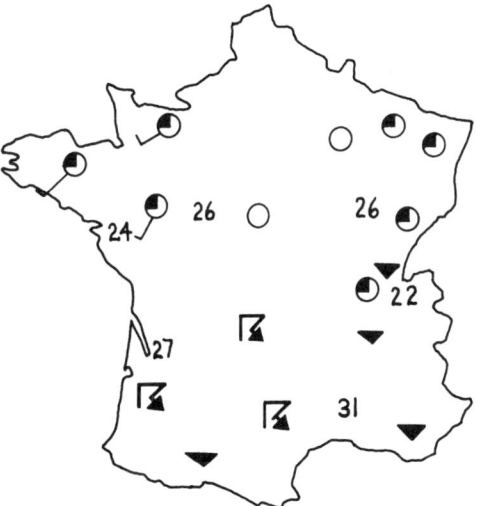

J. Quel temps fait-il? (p. 28)
1. beau temps nuageux
2. tendance orageuse avec des averses
3. temps lourd et orageux
4. averses
5. beau temps nuageux et températures fraîches; vent du nord-est
6. journée agréable

K. Quelle température fait-il? (p. 28)
1. 26 degrés
2. 22 degrés
3. 24 degrés
4. 26 degrés
5. 27 degrés
6. 31 degrés

L. Activités. (p. 28)
Possible answers:
1. Bretagne, Normandie, Pays de la Loire
2. Provence, Côte d'Azur, Nîmes
3. Champagne, Centre
4. Jura, Alpes, Midi-Pyrénées

Chapitre 2
EXERCICES ÉCRITS

La grammaire à réviser

A. Test culturel. (p. 29)
1. tient; F. On tient la fourchette dans la main gauche.
2. mettons; trouvent; V
3. peut; F. À un dîner de cérémonie, on ne peut jamais manger une pêche avec les doigts.
4. viennent; servons; partent; V
5. sert; dites; faut; V
6. font; permettent; F. Les parents français ne permettent pas à leurs enfants de faire du bruit à table.
7. prend; V
8. doit; F. À l'heure de l'apéritif, on n'est pas obligé de boire de l'alcool.

B. Préférences. (p. 30)
1. le … la
2. de l'
3. les … des … à la
4. le … au … le
5. au … la

Answers to each question will vary.

C. Le panier de la ménagère. (p. 31)
1. une; bonne
2. des; frais
3. un; petit
4. des; vertes
5. un; gros
6. une; cuite
7. un; complet

D. Qu'est-ce que vous avez pris aujourd'hui? (p. 32)
du jus d'orange; *du* Coca; *des* œufs; *des* céréales; *du* jambon; *de l'*eau; *du* yaourt; *du* café; *de la* pizza; *de la* viande; *de la* glace; *des* chips; *du* fromage; *du* pain; *des* petits pois; *du* thé; *du* lait; *du* poulet; *des* frites; *du* sucre
Answers to the second part of this exercise will vary.

E. Un mél (p. 32)
1. trop de
2. assez de
3. beaucoup d'
4. un morceau de
5. tant de
6. autant de
7. un peu de

F. Des détails de dernière minute. (p. 33)
1. Combien
2. Comment
3. Où
4. pourquoi
5. Quand (À quelle heure)

Leçon 1

A. Des invitations. (p. 33)
1. rapports formels
2. rapports informels
3. rapports informels
4. rapports formels

Invitations and responses will vary.

B. Vous et vos sorties. (p. 34)
Answers will vary.

C. Ça vous plaît? (p. 34)
Answers will vary. Sample answers:
1. Les livres de science-fiction me plaisent (beaucoup) / me déplaisent. Les (romans policiers) me plaisent.
2. La musique de Beyoncé (dé)plaît à mes grands-parents. La musique (des années 50) leur plaît.
3. Les films violents nous (dé)plaisent. Les films (d'aventure) nous plaisent (beaucoup).
4. Son travail lui (dé)plaît (énormément).

D. Les Français reçoivent. (p. 35)
1. reçoit
2. recevons
3. offrons (buvons)
4. plaisent
5. boit
6. buvons (offrons)
7. boivent
8. ouvre (boit)
9. offre (boit)

E. Et aux États-Unis? (p. 35)
Answers will vary.

Leçon 2

A. L'interprète commande. (p. 37)
1. Œuf dur (Salade de saison, Artichauts vinaigrette)
2. Lapin
3. Thon et pommes de terre à l'huile (Salade niçoise)
4. Banana Split
5. Chèvre (Roquefort)
6. Haricots verts

B. À table. (p. 37)
1. de la
2. la
3. de
4. le
5. la
6. de
7. un
8. Une
9. les
10. du
11. des
12. du
13. de

C. France – U.S.A.: Les habitudes culinaires. (p. 38)
Answers will vary in second part of each item.
1. Le; l'; les
2. le; le; un; de; des; du; du; de la
3. les; des; du; de
4. des; de la; d'
5. l' (un); un; de

D. Une recette. (p. 39)
1. *des* tomates, *du* thon, *des* œufs, *de l'* ail, *des* olives, *de la* mayonnaise, *des* fines herbes, *du* sel, *du* poivre, *une* laitue (*de la* laitue), *des* anchois
2. *Answers will vary, but the definite articles used should be:* les tomates, *le* thon, *les* œufs, *l'* ail, *les* olives, *la* mayonnaise, *les* fines herbes, *le* sel, *le* poivre, *la* laitue, *les* anchois

3. *Answers will vary, but in the negative clause, no article should be used: de tomates, de thon, d'œufs, d'ail, d'olives, de mayonnaise, de fines herbes, de sel, de poivre, de laitue, d'anchois. Students should use the partitive or des for the new ingredients proposed (for example, de l'oignon).*

E. Votre propre recette. (p. 40)
Answers will vary.

Leçon 3

A. Non... Oui... Si! (p. 40)
Answers will vary. Correct affirmative and negative answers are given for each question.

1. Non (Oui).
2. Si (Non).
3. Oui.
4. Si (Non).
5. Oui.
6. Non (Oui).
7. Si (Non).

B. Mini-portrait. (p. 41)
Answers will vary.

C. Questions et réponses. (p. 41)
1. a
2. b
3. a
4. b
5. a
6. d
7. c
8. b
9. a

D. Une sortie au cinéma. (p. 42)
1. Qu'est-ce que tu fais ce soir? / Que fais-tu ce soir?
2. Avec qui est-ce que tu y vas? / Avec qui y vas-tu?
3. Quand (À quelle heure) est-ce que le film commence? / Quand (À quelle heure) commence le film?
4. Combien est-ce que les billets coûtent? / Combien coûtent les billets?
5. Qui est le metteur en scène?
6. Pourquoi est-ce qu'il a choisi (Pourquoi a-t-il choisi) Audrey Tautou pour le rôle d'Amélie?
7. Comment est-elle?
8. Où est-ce que vous irez (Où irez-vous) après le film?
9. De quoi est-ce que vous allez parler? / De quoi allez-vous parler?

E. Mini-test culturel. (p. 43)
Answers to questions of preference will vary.

1. quels / b, c / Lequel (Lesquels)
2. Quel / c / Lequel
3. quelles / a, b / Laquelle
4. Quelle / c / Laquelle / c
5. Quelles / a, b / Laquelle
6. Quels / a, b, c / Lequel (Lesquels)

F. Cours de littérature. (p. 44)
1. Auquel (Auxquels)
2. Desquelles
3. Duquel
4. Auquel

G. What? (p. 44)
1. quelle
2. Quel
3. quoi
4. Qu'est-ce que c'est que (Qu'est-ce que)
5. Qu'est-ce que
6. Qu'est-ce qui
7. Qu'

H. Vos études. (p. 44)
Answers will vary.

EXERCICES DE LABORATOIRE

Phonétique

H. (p. 46)
1. J'aim*e* rar*e*ment fair*e* de p*e*tits voyag*es* le dimanch*e*; je préfèr*e* le mercredi.
2. Tout l*e* quartier mang*e* probablement des pomm*es* américain*es*.
3. Malheureus*e*ment, ell*e* n'a pas l*e* courag*e* de quitter l'appartement et d'aller chez l*e* dentist*e*.
4. Ma fill*e* aîné*e* utilis*e* son assuranc*e*-auto seul*e*ment pour quelque chos*e* de grav*e*.

Leçon 1

B. La bonne réponse. (p. 47)
2. b
5. a
7. d
8. c

D. À vous de choisir. (p. 48)
1. NON
2. NON
3. OUI
4. OUI
5. NON

Leçon 2

B. La bonne réponse. (p. 49)
1. NON; +
2. OUI; –
3. NON; +
4. NON; –
5. OUI; +

Leçon 3

D. La publicité. (p. 51)
Faites-vous des projets pour le dîner de votre gourmet-préféré? Alors, vous devez répondre à beaucoup de questions. Qu'est-ce que vous allez lui offrir comme apéritif? Qu'allez-vous présenter comme hors-d'œuvre? Que projetez-vous de préparer, de la viande ou du poisson? Et quel légume allez-vous servir avec le repas? Pourquoi pas des petits pois? Les petits pois Félix Potard sont toujours frais et de qualité supérieure. Avec les petits pois Félix Potard, vous invitez la nature à votre table!

E. Faisons des réservations. (p. 52)
1. à 12h et à 19h
2. à 22h
3. oui: à partir de 9h pour le repas de midi et 18h pour le repas du soir
4. le samedi soir et le dimanche

F. Allons au restaurant. (p. 52)
1. 15
2. le plat, le vin, le dessert et le café
3. 12h, 19h
4. 3; Cannes

G. J'ai faim! (p. 53)
1. salades
2. 18
3. viandes grillées
4. 05.93.94.25.43

H. Des interviews. (p. 53)
1. c
2. b
3. c
4. a
5. c
6. a, c

Chapitre 3
EXERCICES ÉCRITS

La grammaire à réviser

A. Une visite surprise. (p. 55)
1. ta
2. Ma
3. mon
4. Sa
5. Notre
6. nos
7. nos
8. son
9. leurs
10. leurs
11. leur
12. tes
13. Ta
14. mon
15. ma
16. mon
17. mon
18. mes

B. Un esprit contrariant. (p. 56)
a. nouvel; vieil
b. célibataires; mariées
c. actives; paresseuses
d. nouveaux; anciens
e. beaux; usés
f. contents; malheureux

C. Le matin à la maison. (p. 57)
1. me lève
2. me brosse
3. me lave
4. me prépare
5. ne se presse pas
6. se rase
7. se coupe
8. se regarde
9. s'habiller
10. ne nous parlons pas
11. me dire
12. ne te dépêches pas

À vous! *Answers will vary.*

D. Une mère autoritaire. (p. 57)
1. Ne te couche pas tard!
2. Arrêtez-vous de travailler!
3. Ne t'énerve pas pour un rien!
4. Dépêche-toi!
5. Mettez-vous au travail!

Leçon 1

A. Maury Povich à la française. (p. 58)
1. Des jumeaux qui sont pères célibataires.
2. Des femmes au foyer qui n'ont pas de vie de famille.
3. Des demi-frères qui détestent leurs demi-sœurs.
4. Des hommes au foyer.
5. Des psychiatres à la retraite (retraités) qui en ont marre.
6. Des avocates qui sont mères célibataires.

À vous, maintenant!
7–8: *Answers will vary.*

B. Des questions... (p. 59)
1. Qu'est-ce que tu fais?/Qu'est-ce que vous faites?
Quel genre d'avion est-ce que tu pilotes/vous pilotez?
Quel modèle est-ce que tu pilotes/vous pilotez?
2. Qu'est-ce que c'est?
À qui est cette carte de France?/À qui est-elle?

C. Une fête en famille. (p. 59)
1. Ce sont
2. c'est / Il est
3. c'est / c'est
4. c'est / elle est
5. Elles sont / ce sont
6. c'est / Il est
7. c'est / Elle est
8. Ils sont

L'arbre généalogique.

Oncle Henri + Tante Berthe   Oncle François
[cousin Jacques, cousine Marie]   [cousine Sylvie]
[sœur Évelyne, frère Marc + belle-sœur Micheline]
[demi-frère Gérard, demi-frère Jean-Luc]

D. C'est chouette, ça! (p. 60)
Answers will vary, but note that in 1–6, all adjectives should be masculine. Possible answers:
1. C'est ennuyeux.
2. C'est fabuleux.
3. C'est difficile.
4. C'est obligatoire.
5. C'est désagréable.
6. C'est important.

In 7–9, adjectives should agree with the subject. Possible answers:
7. Il est lourd. *(masc., sing.)*
8. Ils sont conservateurs. *(masc., pl.)*
9. Elle est grande. *(fem., sing.)*

E. À qui est-ce? (p. 61)

1. la mienne / la tienne / La sienne
2. le tien / le mien / Les leurs
3. les nôtres / Les leurs
4. le leur *(one kite)* / les leurs *(more than one kite)*
5. Le mien / le sien
6. les nôtres / les leurs

F. Votre mode de vie est différent du mien. (p. 61)
Answers will vary.

Leçon 2

A. Vous organisez une rencontre entre deux amis! (p. 62)

1. NADIA: Quel âge est-ce qu'il a? / Quel âge a-t-il?
2. NADIA: Quel genre d'homme est-ce?
3. NADIA: Comment est-il physiquement?
4. NADIA: Combien est-ce qu'il mesure? / Combien mesure-t-il?
5. NADIA: Combien est-ce qu'il pèse? / Combien pèse-t-il?

À vous! *Anwers will vary.*

B. Comment les reconnaître? (p. 63)
Answers will vary.

C. Avez-vous vu cette femme? (p. 64)

1. longs
2. gris clair
3. grands
4. bleu foncé
5. longue
6. marron
7. beau
8. crème
9. courtes
10. petite
11. douce
12. réservée
13. nouveaux
14. importants
15. inquiète
16. soulagés
17. heureux

D. On est stéréotypé. (p. 64)
Answers will vary. Possible answers:

1. Ce sont des hommes riches et menteurs.
2. C'est une belle voiture noire.
3. Ce sont des femmes agressives et professionnelles.
4. C'est un beau tailleur chic.
5. Ce sont des garçons timides et gâtés.
6. Ce sont des parents généreux et actifs.
7. Ce sont des hommes paresseux et timides.
8. Ce sont des personnes malheureuses et indépendantes.
9. Ce sont des enfants malheureux et confus.

E. La personne que j'admire le plus. (p. 65)
Answers will vary.

Leçon 3

A. Réponse à une petite annonce. (p. 65)
Answers will vary. Sample answers:

1. Je prends mon petit déjeuner à…
2. Oui, j'aime faire la grasse matinée jusqu'à…
3. Je préfère prendre ma douche/mon bain le matin/le soir…
4. Je passe une demi-heure dans la salle de bains le matin…
5. Je rentre du travail à…
6. Je me couche tôt/tard parce que…
7. Oui, je fréquente quelqu'un. / Non, je ne fréquente personne en ce moment…
8. Oui, je m'entends bien avec les gens en général. / Non, je ne m'entends pas bien avec les gens en général.
9. Oui, je me dispute souvent avec mes amis. / Non, je ne me dispute pas souvent avec mes amis.

À vous! *Anwers will vary.*

B. Vous et vos rapports… (p. 66)

1. je hurle / je pleure / je tombe à ses pieds…
2. nous disputons souvent / nous entendons bien / sortons…
3. le manque de communication / tomber amoureux(-euse) de quelqu'un d'autre / une dispute
4. le coup de foudre / d'un(e) bon(ne) ami(e) / le hasard
5. Je préfère être en bons termes avec elle/lui. / Je préfère être en mauvais termes avec elle/lui. / Je préfère qu'on se revoie de temps en temps. / Je préfère rester très bons amis.
6. se taquinent / se comprennent / ne se comprennent pas / s'entendent bien / se détestent

C. Les hommes et les femmes. (p. 67)
Opinions will vary.

1. s'occupent
2. se souviennent
3. se méfient
4. se taire
5. se faire couper
6. se débrouille
7. m'amuse
8. vous entendez
9. ne nous intéressons pas
10. se moquent
11. se plaint
12. me passer
13. s'inquiètent

D. Si! Je t'assure que c'est vrai! (p. 68)
Answers will vary.

E. Le grand timide. (p. 68)

1. s'inquiète
2. se tait
3. se détendre
4. s'amuser
5. se rendent compte
6. s'intéressent
7. se méfie
8. te trompes
9. se moquer
10. te passer
11. Sers-toi
12. souviens-toi
13. s'attendent
14. se demandent
15. t'arrêter

F. De bonnes résolutions. (p. 69)
Answers will vary. Possible answers:

3. Je vais me mettre à lire tous les jours.
4. Je ne vais plus me plaindre.
5. Je vais m'amuser plus!
6. Je vais enfin rompre avec mon petit ami.

G. *Answers will vary.*

EXERCICES DE LABORATOIRE

Leçon 1

D. À votre avis. (p. 73)
1. VRAI
2. FAUX (Elles sont trois.)
3. VRAI
4. FAUX (Il coûte 300 euros.)
5. FAUX (C'est Isabelle.)

Leçon 3

F. Les petites annonces. (p. 76)
Je suis jolie, jeune, indépendante et sportive et je recherche un beau médecin célibataire en vue de mariage. Je suis divorcée avec deux enfants bien élevés. Blonde à cheveux longs, j'ai aussi les yeux bleus et je suis mince et plutôt grande. J'ai la trentaine mais je ne fais pas mon âge. Sympa et affectueuse, j'aime les hommes qui ont le sens de l'humour. Je préfère les rapports faciles et sans problèmes et, en général, je m'entends bien avec tout le monde. Si nous nous comprenons, répondez-moi!

G. Comprenez-moi. (p. 77)
1. Elle a dix-neuf ans.
2. Elle n'habite plus avec ses parents et elle a trouvé un nouveau travail à Paris.
3. Une collègue de travail a présenté son frère Olivier à Lucie.
4. Oui, ils ont eu le coup de foudre.
5. Il est de taille moyenne avec les cheveux et les yeux bruns [marron] et il est très gentil.
6. *Answers will vary.*

H. Sommaire. (p. 78)
1. libres; ils peuvent aller aux concerts ou aller passer le week-end chez des amis
2. plus de facilités que les filles
3. aucune liberté; préviennent un mois avant de sortir
4. le numéro de téléphone des gens chez qui ils vont
5. rentrer seules le soir
6. emmènent; viennent les rechercher
7. leurs enfants sortent à plusieurs

I. L'argent de poche. (p. 78)
cinéma, transports, vêtements, livres de classe et théâtre

J. Qui est-elle? (p. 79)
1. française
2. Paris, 20e arrondissement
3. médecin/informaticienne
4. dans un hôpital
5. Elle s'occupe de l'informatique.

K. Ses difficultés. (p. 79)
1. F (Annie est divorcée avec un enfant.)
2. V
3. F (D'après Annie, il y a trop de médecins généralistes en France.)
4. V
5. F (Le mercredi, son ex-belle-mère s'occupe de son enfant.)

L. Sa philosophie. (p. 80)
1. Non, elle n'est pas stressée. Le chômage l'a stressée beaucoup plus que le travail.
2. Elle aime son appartement.
3. Ils sont très sympa.
4. Elle est en pleine forme.
5. Elle a trouvé son équilibre.
6. Les trois aspects de l'équilibre parfait sont la réflexion intellectuelle, le spirituel et l'émotionnel.

Chapitre 4

EXERCICES ÉCRITS

La grammaire à réviser

A. Souvenirs de vacances. (p. 81)
1. Tu as entendu
2. J'ai choisi
3. Nous y sommes restées
4. Nous l'avons beaucoup aimée
5. Nous sommes allées
6. des amis nous ont invitées
7. nous n'avons pas grossi
8. j'ai même perdu
9. je me suis promenée
10. Je suis rentrée
11. ces vacances ne m'ont pas coûté
12. vous vous êtes bien reposés

B. Souvenirs de famille. (p. 82)
1. habitions
2. allions
3. commençait
4. préparais
5. mangeait
6. me reposais
7. flottaient
8. aviez
9. ressemblaient
10. adoriez
11. faisais
12. voulais

C. Le retour du voyageur. (p. 83)
1. Est-ce que vous aviez déjà travaillé…?
2. Étiez-vous déjà allé…?
3. Votre femme avait déjà vécu à l'étranger, n'est-ce pas?
4. Est-ce qu'elle s'était rendu compte…? (Attention! There is no past participle agreement with **se rendre compte**. **Compte** is functioning as a direct object in

this sentence. Therefore, the reflexive pronoun functions as an indirect object, and there is no agreement.)
5. Votre fille était-elle déjà née...?
6. Vous aviez déjà appris l'anglais avant de partir, n'est-ce pas?

Leçon 1

A. Tu t'en souviens? (p. 84)

Answers will vary. Sample answers:

1. Parle-moi du jour où tu as visité Paris pour la première fois.
2. Est-ce tu te souviens de (mon ami Hervé)?
3. Nous nous sommes connus à une soirée chez notre amie Anne.
4. Oui, nous avons complètement oublié.

B. Des vacances désastreuses. (p. 84)

Answers will vary. Sample answers:

1. Tu as oublié? Il a eu une contravention.
2. Si j'ai bonne mémoire, il a eu le mal du pays.
3. Je ne l'oublierai jamais! Il s'est perdu.
4. Je m'en souviens encore! Il s'est trompé de train.
5. Il paraît qu'une fois il a été pris dans des embouteillages terribles.
6. Autant que je m'en souvienne, il est descendu dans un très mauvais hôtel.
7. Qu'est-ce qui lui est arrivé? Il a manqué le train.
8. Est-ce que tu te rappelles? Il est tombé en panne d'essence.

Soyons optimistes! (p. 86)

Answers will vary.

C. C'est quel moyen de transport? (p. 86)

1. A	4. T	7. A, T	10. T, A
2. V	5. V	8. V	11. T
3. V	6. T	9. A	12. V

D. Une semaine à Paris. (p. 86)

1. ont passé	11. a offert
2. ont pris	12. a voulu
3. ont écrit	13. a fait
4. n'a pas pu	14. a choisie
5. ont vu	15. s'est assis
6. sont montés	16. a sorti
7. ont descendu	17. a bu
8. se sont couchés	18. n'ont jamais eu
9. a reçus	19. se sont dit
10. a conduits	20. a été

Une carte postale. *Answers will vary.*

E. Il y a toujours une solution! (p. 88)

Answers will vary. Sample answers:

1. J'ai écrit à ma famille.
2. Ils ont demandé des renseignements.
3. Elle l'a changé, bien sûr!
4. Nous sommes descendus au prochain arrêt.
5. Je me suis renseigné(e) sur Internet.
6. Tu as dormi dans ta voiture?
7. J'ai couru sur le quai.

F. Pauvre de moi! (p. 88)

Answers will vary.

Leçon 2

A. Un contrebandier. (p. 89)

*Expressions for structuring the narrative and added sentences in the **imparfait** will vary. Sentences given in exercise are reconstituted below.*

Tous les passagers ont débarqué à New York.
J'ai montré mon passeport.
Nous avons passé la douane.
Moi, j'ai déclaré mes achats.
J'ai payé les droits nécessaires.
Le jeune homme s'est présenté à la douane après moi.
Les douaniers ont arraché les bagages des mains du voyageur.
Ils les ont fouillés.
Ils ont confisqué de la droque, des bijoux et des faux passeports.
Le jeune homme faisait de la contrebande!

B. Le passé composé et l'imparfait. (p. 90)

1. imp.	14. imp.
2. imp.	15. imp.
3. imp.	16. imp.
4. imp.	17. p. c.
5. imp.	18. p. c.
6. imp.	19. p. c.
7. imp.	20. p. c
8. imp.	21. p. c.
9. imp.	22. p. c.
10. imp.	23. p. c.
11. imp.	24. imp.
12. imp.	25. imp. / p. c.
13. imp.	26. imp.

C. Des vacances à la Martinique. (p. 91)

1. (j')ai passée	12. sommes arrivés
2. sommes partis	13. a monté
3. avait	14. savions
4. neigeait	15. ne voulions pas
5. avons vu	16. avons vite fait
6. nous sommes félicités	17. nous sommes installés
7. dormaient	18. avons pris
8. (j')ai sorti	19. pouvions
9. (j')ai étudié	20. s'y baignaient
10. comptaient	21. faisaient
11. sommes descendus	22. n'avons pas pu

D. Des vacances désastreuses. (p. 92)

Answers will vary.

Leçon 3

A. C'est vous, l'interprète! (p. 92)
Answers will vary. Sample answers:
1. Avez-vous une petite chambre sans salle de bains?
2. Madame Smith voudrait sa clé.
3. Avez-vous le service d'étage/de chambres?
4. M. et Mme Blackthorne ont réservé une chambre pour une (cette) nuit par téléphone.
5. Ils voudraient une chambre avec douche.
6. Est-ce qu'on peut payer avec des chèques de voyage ou par carte de crédit?
7. Ils voudraient une chambre à deux lits pour les enfants.

B. L'entre-deux-guerres. (p. 93)
1. avait été
2. n'y avait pas eu
3. étaient devenus
4. avaient pris
5. avaient voulu
6. avaient été
7. étaient revenus
8. avait fallu
9. avais trouvé
10. n'avait pas détruit
11. m'étais présenté
12. m'étais fait
13. avais enfin pu
14. avais tant aimée

Le passé du passé. Answers will vary.

C. Un voyage raté. (p. 94)
a.
1. quand elles étaient jeunes; Les dates étaient fixées
2. Elles travaillaient; elles fréquentaient; je voyais
3. j'étais ravie; J'étais impatiente
4. j'en rêvais
5. j'allais ramener; j'allais rester; j'allais passer
6. je t'ai déjà parlé; qu'ils ont adoptés; Huguette nous a invités; mon père nous a annoncé; j'ai décidé; le plus rageant est arrivé; Christelle est arrivée
7. J'ai été très déçue
8. J'en avais déjà vu; j'avais été complètement charmée; j'avais vu
9. Si seulement mon père n'avait pas changé d'avis...
10. C'est vrai, ce sont toujours les mêmes personnes qui ont de la chance; C'est un pays très pauvre; les gens ont l'air très accueillants; les couleurs sont très attirantes; Elles sont très vives; ce qui change un peu; on essaie de passer inaperçus; C'est vrai que les Allemands sont très accueillants; les paysages allemands sont très beaux; même si c'est très joli; ça n'a rien à voir
11. Je suis au bord du désespoir; Je te le demande; Huguette et ma mère sont amies; je crois; Huguette est éducatrice; Elle habite là-bas; Tu te rends compte?; Ce n'est pas juste; Je suis vraiment déprimée

b. *Answers will vary.*

D. À vous, maintenant! (p. 96)
Answers will vary.

EXERCICES DE LABORATOIRE

Leçon 1

B. La bonne réponse. (p. 99)
1. mauvais
2. bon
3. mauvais
4. bon

Leçon 3

B. La bonne réponse. (p. 101)
1. Ça alors!
2. Je comprends.
3. C'est tout?
4. C'est pas vrai!

D. Un voyage mouvementé. (p. 102)
Je me souviens encore de ce voyage! C'était le trois septembre dernier et je retournais aux États-Unis après trois semaines de vacances. Il faisait très beau mais j'étais un peu triste de partir. Je suis arrivée tôt à l'aéroport et j'ai enregistré mes bagages. Soudain, j'ai entendu une voix qui annonçait que le départ de mon avion était retardé de douze heures. Que pouvais-je faire? Je me suis fâchée avec l'employé de la compagnie aérienne et j'ai finalement réussi à prendre un autre vol. J'étais furieuse car j'ai dû quand même attendre cinq heures.

E. Quelles vacances! (p. 103)
1. b
2. a, b, c
3. a, b
4. a, c

F. Dans la salle d'embarquement. (p. 104)
1. Have your boarding pass ready and know your seat number.
2. Put carry-on bags under the seat in front of you or in the overhead luggage compartments. If you're not sure it will fit, consult a gate agent before boarding.

G. À bord de l'avion. (p. 104)
1. World Airlines
2. Chicago; San Diego
3. 65; Zurich

H. Oui ou non? (p. 104)
1. NON (Il a travaillé dans la marine pendant 35 ans.)
2. OUI
3. NON (On a trouvé une lettre.)
4. OUI
5. OUI

Chapitre 5
EXERCICES ÉCRITS

La grammaire à réviser

A. La vie estudiantine: mode d'emploi. (p. 105)
1. étudies sérieusement / réussisses aux examens / conserves une bonne moyenne
2. assistent régulièrement aux cours / arrivent aux cours à l'heure / remettent leurs devoirs à temps
3. mangions équilibré / pratiquions un sport trois fois par semaine / dormions suffisamment
4. vous détendiez / sortiez au moins une fois par mois / riiez avec vos amis
5. leur téléphone / leur écrive régulièrement / réponde vite à leurs lettres

Leçon 1

A. Test. (p. 107)
Answers will vary. Sample answers for #7, #10, #11:
7. Je compte regarder *Jeopardy* parce que ça m'amuse de répondre aux questions. Je compte aussi regarder un match de football lundi soir parce que j'adore le sport.
10. Je préfère les regarder en version originale avec des sous-titres/sans sous-titres.
11. On peut lire un bon livre, par exemple!

Interprétez maintenant! *Answers will vary.*

B. Mais, décidez-vous! (p. 109)
1. tutoyiez / vouvoie
2. preniez / prenne
3. veniez / aille
4. alliez / fasse
5. soyez / rende
6. ayez / reçoive
7. appeliez / voie
8. vous achetiez / m'en achète

Deux patrons, c'est trop! *Answers will vary.*

C. Exigences et désirs. (p. 110)
1. croies tout ce que tu vois...
2. ne soient pas trop controversées
3. saches limiter le nombre d'heures...
4. ne choisiront/choisissent pas d'émissions...
5. fassent des spots publicitaires...
6. ait la télévision par câble
7. puisse apparaître dans *Survivor*
8. (j')apprenne à apprécier les films étrangers
9. passera à la télé ce week-end

D. Les désirs des autres. (p. 111)
Answers will vary, but the subjunctive should not be used after **espérer.**

E. Médias pour enfants. (p. 111)
Answers will vary.

Leçon 2

A. Psychiatrie pour débutants. (p. 112)
Answers will vary. Sample answers:
1. ça vous inquiète un peu
2. vous êtes très fâché(e)
3. ça vous embête
4. vous en avez assez
5. vous trouvez ça merveilleux
6. ça vous ennuie
7. vous n'êtes pas content
8. vous n'avez aucune envie de faire ça

B. Portrait d'une publication. (p. 113)
Answers will vary.

C. Un nouveau magazine. (p. 114)
Answers will vary.

D. La télévision et les enfants. (p. 114)
1. que les programmateurs choisissent... / que les chaînes de télévision interdisent...
2. que les programmateurs choisissent... / que les chaînes de télévision interdisent...
3. que les enfants lisent... / que beaucoup d'enfants aient... / que les enfants regardent...
4. que beaucoup d'enfants aient... / que les enfants lisent... / que les enfants regardent...
5. que les enfants regarderont... / que les enfants liront... / que beaucoup d'enfants auront une télé...

For items 6–9, the choice of expression of emotion will vary. Sample answers:
6. Je regrette qu'on ne puisse pas s'amuser sans télé aujourd'hui.
7. Je suis furieuse qu'on perde son temps à regarder des émissions débiles.
8. Je suis déçue qu'on n'aille presque plus au musée ou au théâtre.
9. Je suis ravie que mes enfants ne veuillent pas toujours regarder la télé!

E. Réactions, prédictions, suggestions. (p. 115)
Answers will vary, but remember that you must distinguish between expressions of doubt (after which you must use the subjunctive) and expressions implying greater certainty (after which you will use the indicative).

F. Des projets d'avenir. (p. 115)
Answers will vary in the second part of each item.
1. recevrai
2. soit/sera *(depending on the degree of doubt)*
3. aie
4. vive
5. veuille

G. Conversations. (p. 116)

1. emprunter / lire / que tu lises / que les femmes gagnent / de pouvoir
2. que nous regardions / de ne rien comprendre / de voir / que nous analysions / de comparer / que j'aille / pouvoir

H. Famille et télé. (p. 117)

Marc veut regarder une série américaine sur TF1. Mais sa sœur Hélène préférerait regarder un jeu télévisé sur France 3. Leurs parents en ont marre de leurs disputes. Ils veulent que Marc et Hélène aillent étudier dans leurs chambres. Finalement, tout le monde regarde (ils regardent tous ensemble) les informations (les actualités) et une émission sur le Japon.

La télé et nous. *Answers will vary.*

Leçon 3

A. Relations professionnelles. (p. 117)

1. prendre une décision
2. défendre
3. changé d'avis
4. indécis
5. décidé
6. l'esprit ouvert
7. le point de vue
8. efforcé
9. renoncer
10. têtu
11. aboutir à un compromis
12. une dispute
13. convaincre
14. des remords

B. Les exigences de votre vie. (p. 118)

Answers will vary, but should be constructed in the following ways:

1. que je + *subjunctive* (*e.g.,* que je suive des cours l'été prochain)
2. Je dois + *infinitive* (*e.g.,* Je dois payer les droits d'inscription universitaire.)
3. que je + *subjunctive* (*e.g.,* que j'aie une moyenne de B)
4. de + *infinitive* (*e.g.,* d'écrire des rédactions)
5. pour que nous + *subjunctive* (*e.g.,* pour que nous fassions attention en classe)
6. Nous devrions + *infinitive* (*e.g.,* Nous devrions étudier tous les jours.)
7. que je + *subjunctive* (*e.g.,* que je fasse des économies)
8. que je + *subjunctive* (*e.g.,* que je devienne riche)
9. que je + *subjunctive* (*e.g.,* que je m'endette)
10. qu'il/qu'elle + *subjunctive* (*e.g.,* qu'il/qu'elle ait de l'humour)
11. Il/Elle doit + *infinitive* (*e.g.,* Il/Elle doit être intelligent[e].)
12. qu'il/qu'elle + *subjunctive* (*e.g.,* qu'il/qu'elle soit riche)

C. Quelle histoire! (p. 119)

1. Je suis impressionné(e) que votre patron vous ait demandé de prendre cette décision.
2. Je regrette que M. Desondes n'ait jamais changé d'avis.
3. Je suis ravi(e) que vous vous soyez décidé à garder l'esprit ouvert.
4. Ce n'est pas bien que chaque discussion soit devenue une dispute.
5. C'est dommage que vous n'ayez jamais pu aboutir à un compromis.
6. Je suis soulagé(e) que votre patron se soit efforcé de trouver une solution.
7. Je suis désolé(e) que vous ne soyez pas restés amis.

D. Une fin heureuse? (p. 120)

Answers will vary, but here are some reminders about how your sentences must be constructed:

1. de + *infinitive* / que + *subjunctive (present or past)*
2. de + *infinitive* / que + *subjunctive (present or past)*
3. de + *infinitive* / que + *subjunctive (present or past)*
4. de + *infinitive* / que + *subjunctive (present or past)*
5. *subjunctive (present or past)*
6. *indicative*
7. *infinitive*
8. *infinitive* / que + *subjunctive (present or past)*
9. *infinitive*
10. *indicative (present or future)*

Students' paragraphs describing the end of the story will vary.

EXERCICES DE LABORATOIRE

Phonétique

D. (p. 121)

1. Je n*e* vais que rar*e*ment dans cett*e* grand*e* bouch*e*rie.
2. Mercredi prochain, il se lèv*e*ra tôt et emmèn*e*ra sa cousin*e* en All*e*magn*e*.
3. Le Ch*e*min Vert est une ruell*e* entre l*e* marchand d*e* journaux et l'appartement d'Év*e*lyn*e*.
4. Demain, ell*e* ira chez l*e* dentist*e* pour s*e* fair*e* extrair*e* un*e* dent d*e* sagess*e*.
5. Mêm*e* si on m*e* l*e* demand*e*, je n'ai pas l*e* temps de travailler en c*e* moment.

G. (p. 122)

	[y]	[u]
1. puce	x	
2. dégoût		x
3. surveiller	x	
4. secousse		x
5. éperdu	x	

Leçon 1

B. La bonne réponse. (p. 123)

1. c
2. a
3. a

Leçon 2

B. La bonne réponse. (p. 124)

1. c
2. a
3. c

Leçon 3

D. À suivre. (p. 126)

À vingt heures trente-cinq, il faut que vous restiez devant votre téléviseur pour regarder la suite des aventures du commissaire Maigret. Ce soir, suspense! Sera-t-il nécessaire que le fameux commissaire arrête toute la ville pour découvrir la vérité? À vingt-deux heures, il vous sera possible d'assister au match de football France–Angleterre. Bien que la France soit favorite, l'Angleterre nous réserve peut-être une surprise. À vingt-trois heures trente, restez avec nous pour les dernières actualités. Nous souhaitons que vous passiez une très agréable soirée en notre compagnie. Voilà pour cette soirée du dix février. Bonsoir à tous!

E. Descriptions. (p. 127)

1. b
2. a
3. c
4. b

F. Une lettre. (p. 128)

Possible answers:

1. Paris
2. peur
3. un taxi
4. content
5. commissaire de police
6. un feu rouge
7. la rue
8. fous

G. Les produits. (p. 129)

1. une boisson / désaltérante
2. un journal / un supplément de vacances de huit pages / des jeux, des informations sur les festivals, les circuits touristiques et la météo des plages
3. qu'on peut faire des photos même si on a oublié son appareil / votre poche ou votre voiture
4. Blanca, Quick-Snap Fuji Color
5. Quick-Snap Fuji Color

H. Complétez. (p. 130)

1. a, c
2. a
3. a, b
4. c

Chapitre 6

EXERCICES ÉCRITS

La grammaire à réviser

A. Faisons quelque chose de nouveau. (p. 131)

1. I; Il ne leur laisse aucune initiative non plus.
2. I; Elle ne lui plaît pas du tout.
3. D; Il est difficile de les supporter.
4. D; Il est nécessaire qu'il le quitte.
5. I; Il lui téléphone pour lui demander conseil.
6. I; Mélanie lui dit qu'à France 2 on cherche un nouvel envoyé spécial pour faire des reportages sur l'Inde.
7. D; Comme Éric parle hindi et anglais, et connaît bien l'Inde, elle le convainc d'envoyer son curriculum vitae à la directrice.
8. I; Il s'efforce de lui écrire une belle lettre.
9. D; Quel soulagement quand il la reçoit!
10. D; Il vient de commencer son nouveau travail et il le trouve génial!
11. I; Il est ravi de pouvoir travailler pour ses nouveaux patrons et cherche à leur plaire.

B. Un douanier impatient. (p. 132)

1. Ah bon, je ne l'ai pas remplie?
2. Allez-y. Téléphonez-lui.
3. Très bien. Inspectez-les.
4. Je regrette mais je ne peux pas l'ouvrir.
5. Non, je ne l'ai pas.
6. Alors, où est-ce que je les mets?
7. Très bien, je vais les vider.
8. L'avons-nous achetée en Russie?!
9. Dites-lui de vous aider à les ranger.
10. Je répète: ne les réalisez-vous pas?
11. Ne leur parlez pas de cela.
12. Terminez-la tout de suite!

Leçon 1

A. Le journal télévisé. (p. 134)

1. Campagne électorale
2. Mort de plusieurs soldats
3. Une paix éventuelle / Pourparlers en cours
4. 150 morts
5. Attentats contre les étrangers
6. Otages libérés

B. Une campagne électorale. (p. 135)

1. Oui, j'y suis né.
2. Non, j'admets que je n'en ai pas beaucoup.
3. Oui, j'en parlerai (avec vous ce soir.)
4. Oui, j'y répondrai.
5. Non, franchement je n'y ai pas réfléchi longuement.
6. Oui, j'ai l'intention d'en visiter une quinzaine.
7. Non, ils n'en ont pas recruté (plusieurs).

À vous! *Answers will vary.*

C. Des questions supplémentaires. (p. 136)

Answers will vary. Possible answers:

1. Est-ce que vous en avez peur? / En avez-vous peur?
2. Est-ce que vous en rêvez? / En rêvez-vous? / Est-ce que vous y tenez? / Y tenez-vous?
3. Est-ce que vous y pensez? / Comment allez-vous y réagir? / Est-ce que vous vous en inquiétez? / Vous en inquiétez-vous?
4. Est-ce que vous allez en parler? / Allez-vous en parler? / Est-ce que vous y avez réfléchi? / Y avez-vous réfléchi?

5. Qu'est-ce que vous en pensez? / Qu'en pensez-vous? / Est-ce que vous y avez déjà pensé? / Y avez-vous déjà pensé?
6. Depuis combien de temps est-ce que vous vous y intéressez? / Depuis combien de temps vous y intéressez-vous?
7. Est-ce que vous en avez peur? / En avez-vous peur? / Comment est-ce que vous allez y répondre? / Comment allez-vous y répondre?

D. Le nouveau candidat aux élections. (p. 136)

1. je le
2. leur
3. j'en
4. y
5. en
6. le
7. je lui
8. en
9. j'y
10. ne leur

E. Des promesses de campagne électorale. (p. 137)

Answers will vary.

Leçon 2

A. Qu'en pensez-vous? (p. 138)

Answers will vary. Possible answers:

1. Ils sont moches.
2. Elle est géniale.
3. Je les trouve passionnants. / Ils sont passionnants.
4. Il est chouette.
5. Elle est géniale.
6. Non, je les trouve ennuyeuses.
7. Elle est remarquable.
8. Ils sont débiles.
9. Ils sont spectaculaires.
10. [name of a building on campus]; Il est chouette / moche.

B. Une visite au Louvre. (p. 139)

1. je vous les donnerai
2. il n'est pas nécessaire d'en apporter pour y entrer
3. vous devez vous y retrouver (nous devons nous y retrouver) à la fin de la visite
4. il ne vous (nous) le permettra pas
5. vous pourrez (nous pourrons) leur en poser
6. il faut les lui laisser
7. il est possible d'y en prendre
8. vous aurez (nous aurons) le temps de vous (nous) en acheter

C. La pyramide. (p. 140)

1. Moi
2. vous
3. Moi
4. la
5. Je
6. toi
7. Elle
8. Tu
9. toi
10. lui
11. lui
12. lui
13. eux
14. l'
15. je
16. moi
17. moi
18. Moi
19. moi

D. Une situation tendue. (p. 141)

1. passez-la-moi
2. montrez-les-lui
3. informez-vous-en
4. occupez-vous d'eux
5. Accoutumez-vous-y
6. ne vous préoccupez pas d'elle
7. Ne faites pas attention à lui
8. Ne leur en cédons pas beaucoup
9. Ne leur permettez pas de la passer
10. donnez-m'en

E. Reportage. (p. 142)

Answers will vary.

Leçon 3

A. *La Haine* (p. 142)

1. Il est plus probable que l'action du film se déroule en banlieue.
2. Le film se déroule probablement dans un quartier défavorisé.
3. Les jeunes manifestent parce que la police a fait une erreur. Les policiers ont blessé Abdel.
4. Le thème principal que le film semble révéler est: a. la violence croissante dans les banlieues.
5. Cela doit accroître... (*Answers will vary.*)

B. Êtes-vous optimiste, pessimiste ou indifférent(e)? (p. 143)

Answers to both the first and second parts will vary.

C. Au voleur! (p. 144)

1. doit
2. devriez
3. devrai
4. aurions dû
5. devais
6. n'a pas dû

D. Vous êtes l'inspecteur. (p. 145)

Answers will vary; however, the verb tense used should follow the sample answers below.

1. les cambrioleurs ont dû entrer... [passé composé du verbe **devoir**]
2. le garde n'aurait pas dû dormir [conditionnel passé du verbe **devoir**]
3. vous devrez fermer toutes les fenêtres [futur du verbe **devoir**]
4. vous devriez prendre contact avec votre compagnie d'assurances [conditionnel du verbe **devoir**]
5. je dois chercher des empreintes (*fingerprints*) [présent du verbe **devoir**]

E. Le Louvre. (p. 145)

1. tous
2. quelques (plusieurs)
3. Chaque
4. Tout
5. plusieurs; toutes
6. Quelques
7. Quelques (Plusieurs)

F. Tout le monde n'est pas pareil. (p. 146)

Answers will vary. Sample answers:

1. En fait, tous les chômeurs ne sont pas paresseux/pas tous les chômeurs sont paresseux. / Tous ne sont pas paresseux.
2. C'est exact. Plusieurs immigrés habitent des quartiers défavorisés. / Plusieurs habitent des quartiers défavorisés.
3. Tout à fait. Quelques hommes politiques sont honnêtes. / Il y en a quelques-uns qui sont honnêtes.
4. C'est juste. Chaque électeur est important. / Chacun est important.
5. Je suis d'accord. Toute guerre est bête. / Toutes les guerres sont bêtes. / Toutes sont bêtes.
6. Absolument. Toutes les œuvres d'art des Impressionnistes sont spectaculaires. / Toutes sont spectaculaires.
7. C'est possible. Il y a quelques musées qui sont ennuyeux. / Quelques-uns sont ennuyeux.

G. On ne partage pas tous les mêmes idées. (p. 147)

Answers will vary.

EXERCICES DE LABORATOIRE

Phonétique

Note: The words that the students should circle in the Laboratory Manual are italicized in the following three exercises.

A. (p. 148)

1. La *gentille étudiante* a renversé sa *bière* sur le *panier*.
2. Il faut *bien nettoyer* les traits de *crayon*.
3. Ce *premier voyage* en *avion* a *inquiété* la *vieille* femme.

C. (p. 149)

1. *Louis* a *besoin* de *boire* beaucoup d'eau chaque *mois*.
2. Voici *Mademoiselle Dubois*, *troisième* concurrente de la *soirée*.

3. *Oui*, je *crois* que le *voyage* de la semaine prochaine sera *moins* long.

E. (p. 149)

1. *Aujourd'hui*, c'est le *huit juillet*.
2. Je *suis* rentrée à *minuit*, puis j'ai parlé avec *lui*.
3. La *poursuite* a *ensuite continué* tard dans la *nuit*.

Leçon 3

F. Une permission. (p. 153)

Papa? J'ai besoin de te parler. Tu as quelques minutes pour moi? Voilà, tu te souviens de mon amie Sophie, n'est-ce pas? Ses parents possèdent un chalet en Suisse et ils le lui laissent pendant deux semaines. Elle m'a demandé si je voulais l'y accompagner. Qu'en penses-tu? Est-ce que tu serais d'accord de me laisser y aller avec elle? Je devrais prendre le train seule mais, à mon avis, c'est moins cher et aussi plus sûr que de conduire. Bon, il faut que je m'en aille. J'ai un cours de physique à onze heures et je ne veux pas être en retard. Réfléchis-y!

G. Qu'est-ce qui se passe dans le monde? (p. 154)

la politique, le cinéma, le football, un désastre ferroviaire et trois séismes

H. Les rêves du politicien. (p. 154)

1. a
2. c
3. b
4. a

I. Une rumeur désagréable. (p. 155)

1. c
2. c
3. a

J. Prenons des notes. (p. 155)

1. Anne-Françoise
2. au cinéma
3. demain
4. à huit heures
5. entre 7h30 et 8h30

Chapitre 7

EXERCICES ÉCRITS

La grammaire à réviser

A. Un horoscope (p. 157)

1. ferez
2. saura
3. aura
4. verrez
5. se souviendront
6. enverront
7. appelleront
8. faudra
9. courrez
10. ira
11. devrez
12. vaudra
13. perdrez
14. serez
15. profiterai
16. trouverai
17. pourrez
18. recevrez

Leçon 1

A. La vie et le travail. (p. 158)

Dans la vie, il faut **un équilibre** (1). Il est **sûrement / certainement** (2) nécessaire de travailler dur, mais il est également indispensable d'**en profiter** (3) et de s'amuser. Je suis très optimiste au sujet de mon **avenir** (4). Je vais **certainement / sûrement** (5) devoir **changer de métier** (6) plusieurs fois pendant ma carrière, parce que c'est la tendance actuelle. Je sais exactement quoi faire pour **trouver du travail** (7). Je regarderai **les offres d'emploi** (8) dans le journal et je répondrai aux annonces qui m'intéressent. J'enverrai mon **curriculum vitae (C.V.)** (9). Si tout va bien, j'aurai **des entretiens** (10). Après une vie bien occupée à travailler, je prendrai ma **retraite** (11). Mais être au chômage, **on ne m'y prendra pas!** (12)

B. Le meilleur métier? (p. 159)

Answers will vary.

C. Les métiers. (p. 159)

1. obtient / trouvera / d'informaticien (d'analyste en informatique, de programmeur)
2. aura / commencera / d'avocate
3. réussit / occupera / d'institutrice (d'enseignante)
4. sera / voudra / agent de police
5. pourra / cherchera / d'employée de bureau (de secrétaire)
6. étudie / fera / comptable

D. Une visite du patron. (p. 160)

Answers will vary but the verb tense required for each item is indicated below along with sample responses.

1. (au futur) je les accepterai / je ferai de mon mieux / je serai content
2. (au futur) je resterai travailler au bureau / je travaillerai tard / je ne partirai pas / je ne rentrerai pas chez moi
3. (au présent) s'il y a beaucoup à faire / si c'est nécessaire / si vous voulez que je reste
4. (au futur) je ne le ferai pas / je résisterai à la tentation
5. (au présent) si vous travaillez bien / si vous travaillez dur / si vous les méritez
6. (au futur) vous ne le serez pas / vous pourrez rester chez vous / vous pourrez prendre un jour de congé de maladie
7. (au présent) s'il n'y a pas beaucoup de travail / si vous m'en parlez d'abord / si je vous donne la permission / si vos collègues sont d'accord
8. (au présent) si vous voulez continuer / si vous avez le temps / si on envisage une promotion pour vous

E. Une recette pour réussir. (p. 161)

Answers will vary.

F. Je le ferai plus tard! (p. 161)

1. auront rangé
2. seront partis
3. aura fait
4. m'auras promis
5. aura pris
6. vous serez couchés

G. Une chose puis une autre. (p. 162)

1. j'aurai terminé / j'aurai payé *ou* je terminerai / j'aurai payé
2. aurons quitté / obtiendrons *ou* quitterons / obtiendrons
3. j'aurai trouvé / je me rangerai *ou* je trouverai / je me rangerai
4. auront pris / auront
5. aura gagné / s'améliorera
6. me serai installé(e) / me sentirai

Answers will vary for **probable** *or* **peu probable**.

H. Quelle journée! (p. 163)

Answers will vary. In certain sentences, however, one verb tense is more appropriate than the other.

1. (au futur)
4. (au futur antérieur)
6. (au futur antérieur)

I. D'ici... ans. (p. 163)

Answers will vary. Sample answers:

1. J'aurai été candidat(e) à un jeu télévisé.
2. J'aurai trouvé un bon emploi.
3. Je me serai fiancé(e).
4. Je n'aurai pas encore réussi dans la vie.
5. Je n'aurai pas encore renoncé à devenir président(e).
6. J'aurai divorcé.
7. Je serai devenu(e) chauve.
8. J'aurai pris ma retraite.

J. Emploi de rêve. (p. 164)

Answers will vary.

Leçon 2

A. À ta place je ferais... (p. 164)

Answers will vary. Sample answers:

1. Je te suggère de chercher un bel appartement agréable, commode et bien équipé.
2. Tu pourrais prendre un appartement rénové.
3. Tu ferais mieux de chercher un appartement facile à entretenir.
4. Je te conseille de chercher un appartement dans un quartier tranquille.
5. Si j'étais à ta place, j'éviterais les quartiers moches, bruyants et mal situés.
6. Tu devrais en parler au/à la propriétaire.
7. Tu as pensé à prendre une chambre de bonne? / Tu as pensé à louer un studio?
8. Pourquoi ne pas aller au distributeur automatique de billets?
9. Il vaut mieux déposer l'argent tout de suite!
10. Je te conseille de ne pas lui prêter d'argent.
11. Tu peux prendre ton carnet de chèques.

B. Le Crédit Lyonnais. (p. 165)

1. taux d'intérêt
2. Ouvrez
3. change de l'argent
4. prêts
5. livret d'épargne
6. électronique; retirer de

C. La loterie. (p. 166)

Answers will vary. Possible answers:

1. prendrais…
2. voudraient partager…
3. achèteraient une grande maison…
4. en profiteraient…
5. ne déposerais pas tout l'argent …
6. aurais besoin d'un comptable…
7. aurions…
8. ne continuerions pas…
9. me demanderait …
10. ne m'enfermerais pas…

Answers to the second part will vary as well.

D. Normalement, je… / À l'avenir je… / Si c'était le cas, je… (p. 167)

There is more than one possible answer per sentence. All possible affirmative answers are given below. Negative answers are also acceptable.

1. je téléphone tout de suite / je leur envoie mon C.V. / je vais voir le directeur ou la directrice du personnel
2. j'apprendrai beaucoup / j'aurai un bel avenir / je gagnerai beaucoup d'argent
3. je deviendrai médecin / avocat(e) / informaticien(ne) / etc.
4. je m'enfermerais chez moi / j'en profiterais / je remplirais beaucoup de demandes d'emploi
5. je change de métier / je souffre en silence / je le dis à tout le monde
6. je demanderais une promotion à mon patron / je trouverais un autre emploi / je ne dirais rien à mon patron
7. je chercherais du travail / je partirais en vacances / je ferais un stage de formation professionnelle

E. Les conditions de vie. (p. 168)

The required verb forms are given below. The answer to the second part of each item will vary.

1. j'en emprunte / je n'en emprunte pas
2. même si j'ai / si je n'ai pas
3. l'achèterais / ne l'achèterais pas
4. gagne / ne gagne pas
5. changerai / ne changerai pas
6. refusais / ne refusais pas

F. Si j'allais acheter une maison. (p. 169)

Answers will vary.

Leçon 3

A. Les conditions de travail. (p. 169)

Answers will vary.

B. À vous! (p. 169)

Answers will vary.

C. Faire des concessions. (p. 170)

1. b
2. a
3. a
4. c
5. c
6. b

D. Ma vie professionnelle. (p. 170)

1. soit
2. ait
3. fasse
4. veux / voudrais
5. prenne
6. attirer
7. commenceront
8. ait
9. puisses
10. devenir

E. Les petites annonces. (p. 171)

Bénédicte:
1. Je vais prendre rendez-vous bien que (quoique) je ne sois pas vraiment une professionnelle.
2. Pour le rendez-vous, je m'habillerai de façon très chic et je me maquillerai avec soin afin que (pour que) la personne qui recrute soit favorablement impressionnée.

Marc:
3. J'irais bien travailler au Gabon à condition que (pourvu que) le salaire en vaille la peine.
4. Je vais écrire à mes employeurs précédents pour qu' (afin qu') ils envoient des références de travail.

Benoît:
5. Un emploi d'aide-comptable à mi-temps serait idéal en attendant que (jusqu'à ce que) j'obtienne mon diplôme d'expert-comptable.
6. Je vais téléphoner immédiatement de peur que (avant que) quelqu'un d'autre (ne) prenne rendez-vous avant moi.

Isabelle:
7. J'ai de bonnes chances d'obtenir ce poste à moins que (bien que / quoique / à condition que / pourvu que) l'employeur (n')exige un niveau d'anglais très élevé.
8. Je ferai du travail temporaire jusqu'à ce que je trouve un emploi permanent (en attendant de trouver un emploi permanent).

F. Dans un monde de travail fantaisiste. (p. 173)

Answers will vary but the structure of the clause must follow the guidelines below:

1. a new subject (not **je**) + a verb in the subjunctive
2. a new subject (not **le directeur**) + **ne** + a verb in the subjunctive
3. an infinitive (whose understood subject is **je**)
4. a new subject (not **je**) + a verb in the subjunctive
5. an infinitive (whose understood subject is **je**)
6. an infinitive (whose understood subject is **je**)
7. any subject + a verb in the subjunctive
8. any subject + a verb in the subjunctive

G. Des études à l'étranger. (p.174)

Answers will vary.

EXERCICES DE LABORATOIRE

Leçon 3

E. Un avenir incertain. (p. 180)

Je me fais déjà du souci pour mon avenir. L'année prochaine, je passerai mon baccalauréat. Si tout va bien, j'irai à l'université. Mais il faudra que je trouve un travail à mi-temps et cela ne sera sûrement pas facile. Je pourrai faire une demande à l'agence pour l'emploi pour essayer d'obtenir un boulot assez bien payé. Si je ne peux pas trouver d'emploi, mes parents devront m'aider financièrement jusqu'à ce que je finisse mes études dans quatre ans. J'espère qu'ils pourront m'aider, sinon que ferais-je?

F. Feuille à remplir. (p. 181)

Nom: Bonny
Nationalité: française
Profession: cadre financier
Compagnie: Nike
Produits fabriqués: chaussures
Endroits desservis: la Guadeloupe, la Réunion, la Martinique
Nombre d'employés: 115
Ses responsabilités: comptabilité, gestion, informatique, transports

G. Avez-vous bien compris? (p. 182)

1. V
2. F (Sophie n'a pas pu mettre son enfant à l'école parce qu'il n'a pas trois ans.)
3. F (Elle pense que le système de nourrices est une mauvaise idée.)
4. F (Elle trouve que les crèches sont très bien.)
5. V
6. F (D'après Sophie, les nourrices préfèrent s'occuper des enfants du lundi au vendredi.)
7. V
8. V

Chapitre 8

EXERCICES ÉCRITS

La grammaire à réviser

A. Il n'est jamais d'accord. (p. 183)

1. Non, je ne suis pas de Paris.
2. Non, je ne connais pas bien le Quartier latin.
3. Non, je n'ai pas d'amis à Paris.
4. Non, je ne l'aime pas.
5. Non, les Parisiens n'ont pas été gentils avec moi.
6. Non, je n'en ai pas visité.
7. Non, les autres stagiaires ne m'y ont pas emmené.
8. Non, j'ai décidé de ne pas y rester.

B. Un rendez-vous manqué. (p. 184)

1. Vous ne m'avez pas attendu à la sortie du travail? (Ne m'avez-vous pas attendu à la sortie du travail?)
2. Vous n'étiez pas à l'heure? (N'étiez-vous pas à l'heure?)
3. Nous n'allons pas manger ensemble? (N'allons-nous pas manger ensemble?)
4. Nous allons nous retrouver au restaurant? (Allons-nous nous retrouver au restaurant?)
5. Vous ne voulez pas manger avec moi? (Ne voulez-vous pas manger avec moi?)

C. La vie n'est pas facile. (p. 184)

1. N'y grimpe pas.
   Je te dis de ne pas y grimper.
2. Ne le déchire pas.
   Je te dis de ne pas le déchirer.
3. Ne vous disputez pas.
   Je vous dis de ne pas vous disputer.

D. Le patron observe le service. (p. 185)

1. Voilà le plat du jour que la dame en noir a commandé.
2. Ces deux femmes qui ont commandé une jambalaya sont de très bonnes clientes.
3. Je connais l'homme au chapeau melon qui a refusé son biftek parce qu'il n'était pas assez cuit.
4. La salade que vous lui avez recommandée est très bonne.
5. Le petit garçon qui n'arrête pas de pleurer dérange le jeune couple à la table d'à côté.
6. L'omelette norvégienne est un dessert succulent que tous les clients adorent.

E. La femme de ma vie. (p. 186)

1. que
2. que
3. qui
4. qui
5. qui
6. que
7. qu'
8. qui
9. que
10. qui

Leçon 1

A. Mots croisés (p. 186)

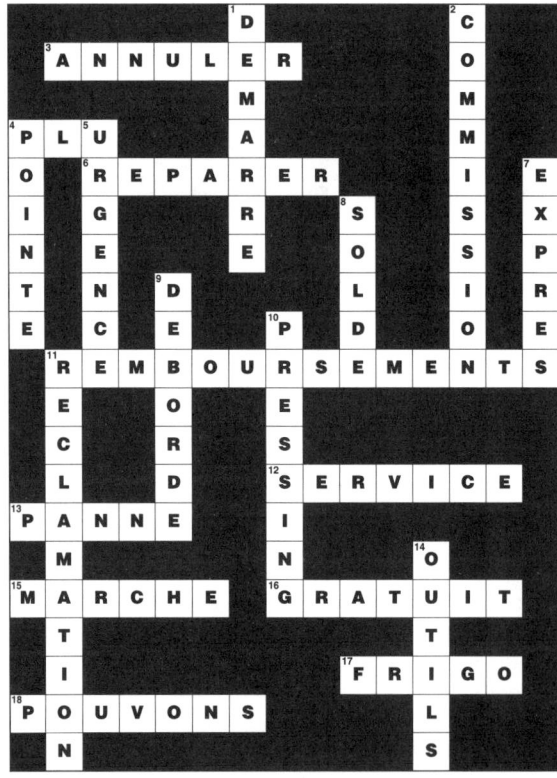

B. Plaintes et excuses. (p. 188)

Answers will vary.

C. Pauvre de moi! (p. 188)

1. Rien ne s'est bien passé pour moi aujourd'hui.
2. Mes vêtements n'étaient pas encore prêts au pressing.
3. Aucun des magasins où je devais aller n'était ouvert à midi.
4. je n'ai vu aucun article en solde / je n'ai rien vu en solde.
5. je ne vois jamais rien d'intéressant en ville.
6. je n'ai rencontré personne de gentil dans le bus.
7. il n'y a plus de belles fleurs dans mon jardin.
8. Je n'aime ni mon travail, ni mes loisirs.

D. Un grand dépressif. (p. 189)

1. Je ne suis pas du tout heureux et personne ne m'aime.
2. Hier, aucun de mes amis ne m'a téléphoné. Aucun n'est venu me voir non plus.
3. Et le mois dernier, je n'ai reçu aucune lettre (je n'ai pas reçu une seule lettre) de mes parents.
4. Est-ce qu'ils pensent à moi? Pas du tout! Jamais!
5. Est-ce qu'ils m'écoutent? Jamais!
6. Je n'ai rien d'intéressant à faire ce soir.
7. Ma télévision ne marche plus et l'électricien n'est pas encore venu.
8. Je ne vais voir (Je ne verrai) ni mes amis ni ma famille.
9. Je n'ai jamais eu de chance avec les femmes.
10. Il n'y a que mon chat qui fait semblant de m'aimer. Et je ne trouve cette bête égoïste nulle part!

E. Encore des plaintes! (p. 190)

Answers vill vary.

Leçon 2

A. Mini-dialogues. (p. 191)

Answers will vary. Sample answers:

1. — Mon congrès a été annulé. Est-ce que je pourrais encore changer d'avis et venir à ta soirée?
   — Certainement! À ce soir!
2. — Je voudrais emprunter ton vélo cet après-midi. C'est possible?
   — Je suis désolée, mais ce n'est pas possible. J'en ai besoin aujourd'hui.
3. — Monsieur, est-ce que vous permettez que j'assiste à votre cours aujourd'hui?
   — Oui, oui. Vous avez ma permission.
4. — Madame, est-ce qu'il serait possible d'amener un collègue à la réunion demain?
   — Non, il n'en est pas question. Nous allons parler de choses confidentielles.

B. Préparations pour un pique-nique. (p. 191)

1. de	7. X
2. d'	8. de
3. X	9. à
4. de	10. de
5. à	11. à
6. de	12. de

Avez-vous compris?

1. prendre de l'essence Martine
2. aller à la boulangerie Martine
3. acheter du jambon et du saucisson Samuel
4. charger la voiture Samuel

C. Au bureau des réclamations. (p. 192)

1. de	10. à
2. à	11. à
3. de	12. d'
4. X	13. de
5. de	14. X
6. à	15. X
7. à	16. X
8. à	17. de
9. X	18. de

Note de service.

Answers will vary.

D. Auto-portrait. (p. 193)

Answers will vary.

E. Vive les voyages! (p. 193)

1. l', à, au, à, en, à, au
2. en, en, au
3. à, en, aux, à (en), à
4. aux, la, à, dans l'
5. la, la, le, en (à la)
6. de, d', de, des, du

F. Les vacances sont encore trop loin. (p. 194)

1. à, à, en, à, en
2. en, à, à, en, en
3. à, en, au, la
4. les, X, à, dans le, dans l', X
5. des, d', de

G. Une offre à ne pas refuser. (p. 195)

Answers will vary.

Leçon 3

A. Autrement dit... (p. 195)

1. Qu'est-ce que cela signifie?
2. Je suis vraiment bouleversé(e)!
3. J'ai du mal à comprendre cela.
4. Il ne voit pas l'importance de cet événement.
5. Une fois de plus, il a du retard!
6. Il a fallu que nous fassions la queue devant le cinéma.
7. Je pense que tu as mal compris.

B. Les problèmes de la vie. (p. 196)

1. Il y a deux mois, Marc a acheté un ordinateur qui est tombé en panne.
   Il a fait une réclamation à Carrefour, où il avait acheté l'ordinateur.
   Le vendeur de Carrefour refuse de rembourser l'ordinateur que Marc a acheté.

2. Je vis dans une ville où la circulation est très dense aux heures de pointe.
   Je travaille dans une banque qui se trouve au centre-ville.
   À cause de la circulation, j'ai raté une réunion à laquelle je devais assister ce matin.
3. Le syndicat dont M. Péret est membre a lancé un ordre de grève.
   Le gouvernement refuse d'accorder l'augmentation de salaire que les enseignants revendiquent. (Le gouvernement refuse d'accorder l'augmentation de salaire que revendiquent les enseignants.)
   Ce matin, les professeurs du lycée où M. Péret enseigne se sont mis en grève.
4. Ma voisine avec qui je fais du jogging a eu un accident de voiture très grave.
   Elle est à l'hôpital Saint-Georges, où je vais lui rendre visite ce soir.
   Je vais lui apporter des affaires personnelles dont elle a besoin.

C. Qu'est-ce que je vais faire de ma vie? (p. 197)

1. dont
2. ce que
3. que
4. lequel
5. qui / laquelle
6. dont
7. qui
8. ce qui
9. où
10. auquel
11. Ce dont
12. quoi

Lire entre les lignes.

Answers will vary. Sample answer:

Peut-être que Paul voulait être avocat à cause du prestige associé à cette profession (ou parce que sa famille l'a poussé à choisir cette carrière). Peut-être qu'il hésite parce que l'avocate pour qui il a travaillé n'était pas heureuse. Maintenant, il pense qu'il aimerait enseigner, peut-être parce qu'il est idéaliste et qu'il préfère avoir un travail qui l'intéresse.

D. Au secours! (p. 198)

Answers will vary. Sample answers:

1. C'est une chose dans laquelle on met des fleurs.
2. C'est un outil dont on se sert pour ouvrir une bouteille de vin.
3. C'est un produit utilisé pour laver les vêtements à la machine.
4. Ce sont des ustensiles dont on se sert pour manger la nourriture asiatique (chinoise, japonaise, vietnamienne, etc.).
5. C'est un produit/une crème qu'on met sur la peau quand on va à la plage, et qui vous protège du soleil.
6. C'est une sorte de stylo qui est utilisé pour indiquer les passages importants dans un livre.

E. Parler de l'immigration… (p. 199)

Answers will vary. Sample answers:

1. ont des difficultés d'adaptation dans leur nouveau pays
2. les conditions de vie ne sont pas très bonnes
3. ils ne savent pas parler
4. ils ne peuvent pas travailler
5. ils ont besoin pour vivre
6. sont nombreux, s'inquiètent beaucoup pour leurs enfants
7. fait souffrir toute la famille
8. parler de leurs difficultés
9. ils vont faire pour réussir dans cette situation difficile
10. ils peuvent être très fiers

EXERCICES DE LABORATOIRE

Leçon 1

C. La bonne réponse. (p. 201)

1. Pas satisfaite
2. Pas satisfaite
3. Satisfaite
4. Satisfaite

Leçon 2

C. La bonne réponse. (p. 203)

Answers will vary.

Leçon 3

F. Tout va mal. (p. 206)

Aujourd'hui tout est allé de mal en pis. La télévision que j'ai achetée hier ne marche pas bien du tout. Je voulais aller au magasin pour faire une réclamation, mais ma voiture est tombée en panne pendant le trajet, aux heures de pointe. J'ai essayé de téléphoner à une station-service mais personne n'a répondu. Rien ne m'agace plus que de perdre mon temps. Maintenant, je dois demander au chef de rayon du grand magasin de me rembourser le prix de la télévision pour pouvoir faire réparer ma voiture.

G. On en a marre! (p. 207)

1. b
2. a
3. b
4. c
5. a

H. Publicité. (p. 208)

1. F
2. V
3. V

I. Darty ou Continent? (p. 208)

1. Thomson
2. couleur
3. 37 cm
4. 75
5. 300€
6. 15 000

Chapitre 9

EXERCICES ÉCRITS

La grammaire à réviser

A. Un peu de shopping. (p. 209)
1. ce / ci / ce / là / ces / cette
2. cette / ces / cette / ci / cette / là
3. ces / Cet / ci

B. Traits de caractère. (p. 210)
1. généreusement
2. attentivement
3. élégamment
4. poliment
5. sérieusement
6. franchement
7. intelligemment
8. doucement
9. bruyamment
10. timidement
11. lentement
12. spontanément

Judgments about positive and negative attributes will vary.

C. Personnalités (p. 210)
FRANÇOIS (type éternel fatigué): (1) rapidement / vite, (2) aussitôt / immédiatement; (3) d'abord; (4) ensuite / puis; (5) après-demain; (6) longtemps; (7) tard

MARIE-JEANNE (type rêveur poète): (8) loin; (9) ailleurs; (10) là-bas; (11) ensemble; (12) Là; (13) tant / tellement

PHILIPPE (type pessimiste nostalgique): (14) Autrefois; (15) bien; (16) souvent; (17) volontiers; (18) trop; (19) mal; (20) à peine; (21) nulle part

Leçon 1

A. De quoi a-t-on besoin? (p. 212)
1. Elle a besoin d'une machine à laver, d'un sèche-linge.
2. Elle a besoin d'un lave-vaisselle.
3. Il a besoin d'un four à micro-ondes.
4. Il a besoin d'étagères.
5. Elle a besoin d'une armoire.
6. Elle a besoin d'un tapis.
7. Elle a besoin d'un chemisier, d'un collant, d'un tailleur.
8. Il a besoin d'un costume, d'une chemise, d'une cravate *(tie)*.
9. J'ai besoin d'un parapluie, d'un imperméable.
10. J'ai besoin d'une veste (de sport), de bottes, de chaussettes bien chaudes.
11. J'ai besoin d'un maillot de bain.

B. À la bijouterie (p. 213)
1. Ceux
2. celle-là(-ci)
3. celle (celles)
4. celles
5. celui-là
6. celle-ci(-là)
7. celle-là(-ci)
8. celles-là(-ci)
9. celles-ci(-là)
10. celui-là(-ci)
11. Celui
12. celui
13. Celui
14. celles-là(-ci)
15. cela

<u>2</u> bagues; <u>1</u> bracelet; <u>2</u> montres; <u>3</u> colliers

C. Vos choix et vos préférences. (p. 214)
Answers in parentheses may vary but the sentence structure given below should be followed.
1. Je vais choisir ceux qui sont (à la menthe).
2. Je préfère ceux (d'Abercrombie & Fitch).
3. J'achèterai celui à ($40).
4. Je préfère acheter ceux qui sont fabriqués (aux États-Unis).
5. Je préfère écouter celles des chanteurs (plutôt inconnus).
6. Je vais choisir celles de forme (ronde).

D. Un nouvel appartement. (p. 215)
Answers may vary. Possible answers:
1. … je n'en suis pas tout à fait contente.
2. Mais j'aurais tellement aimé un appartement…
3. Heureusement, mes amis vont m'aider.
4. … en fait, (avant-hier) je suis allée à l'hypermarché (avant-hier) pour m'en acheter (avant-hier).
5. … j'y ai trouvé à peu près tout ce dont j'avais besoin.
6. (Enfin) j'aurai même (enfin) une machine à laver (enfin).
7. Oui. Je vais sûrement m'en servir souvent.
8. J'ai toujours apprécié tes conseils.

E. À vous! (p. 216)
Answers will vary. Sample answers:
1. bien / mal / mieux / vite
2. avec plaisir / volontiers / gentiment
3. brièvement / gentiment / méchamment / avec plaisir / bas / fort
4. bas / fort / peu / gentiment / mieux
5. dur / vite
6. cher

Answer for the second part of each sentence will vary.

F. Autoportrait. (p. 217)
Answers will vary.

Leçon 2

A. Êtes-vous branché(e)? (p. 217)
1. brancher
2. l'écran; effacer / enlever; déplacer
3. appuyer; cliquer
4. sauvegarder
5. imprimante; à laser
6. un réseau; zapper; cybernaute
7. courrier électronique

B. Chassez l'intrus. (p. 218)
1. un browser
2. le traitement de texte
3. le logiciel
4. le matériel
5. l'informatique
6. reculer

C. Regardez-moi ça! (p. 218)

1. Cet ordinateur-ci est moins puissant que celui-là. / En fait, cet ordinateur-ci est le moins puissant de tout notre stock.
2. Cet écran-ci est meilleur que celui-là. / En fait, cet écran-ci est le meilleur de tous les écrans.
3. Ce clavier-ci est plus grand que celui-là. / En fait, ce clavier-ci est le plus grand des modèles IBM.
4. Ce logiciel-ci est plus pratique que celui-là. / Ce logiciel-ci est le plus pratique de tous nos logiciels.
5. Ce programme-ci marche mieux que celui-là. / En fait, ce programme-ci marche le mieux de tous les programmes disponibles.
6. Cette imprimante-ci imprime moins vite que celle-là. / En fait, cette imprimante-ci imprime le moins vite de toutes nos imprimantes.
7. Ce portable-ci se transporte plus facilement que celui-là. / En fait, ce portable-ci se transporte le plus facilement de tous les modèles IBM.
8. Dans notre magasin, il y a plus de choix que dans les autres magasins. / Dans notre magasin, il y a le plus de choix.
9. Ici, il y a moins de réclamations qu'ailleurs. / Ici, il y a le moins de réclamations.
10. Chez nous, vous trouverez plus d'expertise que chez nos concurrents. / Chez nous, vous trouverez le plus d'expertise.

D. C'est le meilleur! (p. 220)

Answers will vary.

E. Une publicité. (p. 220)

Answers will vary.

Leçon 3

A. Parlez-vous cuisine? (p. 221)

Answers will vary. Sample answers:

1. On fait fondre le beurre.
2. On fait frire le poisson.
3. On fait bouillir l'eau.
4. On fait griller le pain. / On fait cuire le pain au four.
5. On fait rôtir le bœuf. / On fait griller le bœuf.
6. On fait sauter les champignons. / On fait revenir les champignons. / On passe les champignons au beurre.
7. On fait dorer le poulet. / On fait rôtir le poulet.
8. On fait mijoter la sauce.

B. Comme ça le fait rire! (p. 221)

Answers will vary. Sample answers:

1. Les médias le font rire.
2. Les démocrates le font pleurer.
3. La politique étrangère le fait paniquer.
4. Son chat le fait sourire.
5. Le Texas le fait rêver.
6. Les dîners officiels le font s'endormir.

C. Les grands paresseux. (p. 222)

1. Naomi Campbell fait choisir ses produits de beauté à sa maquilleuse.
2. La reine Elizabeth fait faire la cuisine à son chef.
3. Les présidents américains font écrire leurs discours à leurs aides.
4. Chef Tell fait faire la vaisselle à son assistant.
5. Dale Earnhardt Jr. laisse réparer sa voiture à des mécaniciens.
6. Shaquille O'Neal laisse acheter des baskets à son agent.
7. Britney Spears ne laisse pas prendre de décisions à sa mère.
8. Will Smith laisse faire les acrobaties à un cascadeur.

Answers for 9–12 will vary.

D. Que faites-vous faire? (p. 223)

1. Oui, je me les fais couper. / Non, je me les coupe moi-même.
2. Oui, je la faisais couper. / Non, je la coupais moi-même.
3. Oui, je me le suis fait faire. / Non, je me le suis fait moi-même. OU Non, je l'ai fait moi-même.
4. Oui, je les ferai envelopper. / Non, je les envelopperai moi-même.
5. Oui, je me les fais préparer. / Non, je me les prépare moi-même.

E. Franchement, ça me rend malade! (p. 223)

Answers will vary. Sample answers:

1. La cuisine chinoise me rend malade.
2. La télé me rend paresseux(-euse).
3. Mes amis me rendent heureux(-euse).
4. Les informations à la télé me rendent malheureux(-euse).
5. Mes cours me rendent anxieux(-euse).
6. La pluie me rend triste.

F. Cendrillon. (p. 224)

1. Faites-les chercher!
2. Faites-le venir à 8 heures!
3. Faites-la repasser!
4. Faites-les préparer!
5. J'ai vu (entendu) partir mes sœurs.
6. J'ai vu (entendu) arriver une fée.
7. J'ai vu apparaître un beau carrosse.
8. J'ai entendu le prince m'inviter à danser.
9. J'ai entendu sonner minuit.

G. Je vous le promets! (p. 225)

Answers will vary.

EXERCICES DE LABORATOIRE

Leçon 2

C. Souligner les ressemblances / les différences. (p. 229)

1. ressemblances
2. ressemblances
3. différences
4. ressemblances
5. différences
6. différences
7. ressemblances
8. ressemblances

Leçon 3

C. Quelle est la fonction? (p. 230)

1. c — encourager
2. d — dire qu'on ne comprend pas
3. a — donner des instructions
4. a — donner des instructions
5. d — dire qu'on ne comprend pas
6. c — encourager

F. Une recette facile à préparer: *Steak Gisèle*. (p. 231)

Steak Gisèle

Ingrédients: 2 steaks, 500 g de haricots verts, 150 g de champignons, 50 g de beurre, sel, poivre, vinaigre

Lavez les haricots verts. Faites bouillir l'eau dans une casserole, ajoutez une pincée de sel et faites cuire les haricots verts vingt minutes. Lavez les champignons et découpez-les en tranches. Faites fondre le beurre dans une poêle et faites sauter les champignons deux minutes. Ajoutez les haricots verts, du sel, du poivre, et arrosez d'un peu de vinaigre. Mélangez et tenez au chaud. Faites griller les steaks. Servez aussitôt. Bon appétit!

G. Statistiques. (p. 232)

1. 95 pour cent
2. 73 pour cent
3. presque 1 foyer sur 2
4. 96 pour cent
5. 6,5 millions

H. La maison électronique. (p. 233)

1. le réfrigérateur, la télévision et la machine à laver (le linge)
2. les ménages aisés et les familles avec des enfants
3. les jeunes
4. le magnétoscope, la platine laser et le micro-ordinateur

I. Vrai ou faux? (p. 233)

1. V
2. V
3. V
4. F

J. Chez Éric Soutou. (p. 234)

1. son propre langage, son style, son rythme
2. qualifiés, temporaires, professionnels
3. administratifs, y compris la bureautique et l'informatique
4. 01.42.61.56.65

Chapitre 10
EXERCICES ÉCRITS

Leçon 1

A. Une interview. (p. 235)

1. avez battu
2. le record du monde
3. course
4. d'avoir gagné
5. m'entraîne (m'entraînais)
6. classement
7. on ne sait jamais
8. terminer premier
9. pression
10. concurrents
11. avez bonne mine
12. êtes gentille de dire ça

B. Suite de l'interview. (p. 236)

1. j'ai failli
2. être en forme
3. la (ma) douleur
4. le dessus
5. défaite
6. fanas de sport
7. sportif(s)
8. à la portée
9. défi
10. entraîneur
11. épuisante
12. reprendre haleine
13. victoire

C. Quel beau mariage! (p. 236)

1. Quelle / Comme (Qu', Qu'est-ce qu', Ce qu')
2. Quel / Comme (Qu', Qu'est-ce qu', Ce qu')
3. que (comme, qu'est-ce que, ce que)
4. Qu'est-ce que (Que, Comme, Ce que) / quelle / Quels
5. Comme (Qu'est-ce qu', Qu', Ce qu', / comme (qu'est-ce qu', qu', ce qu')

D. Allez, un peu de politesse! (p. 237)

Answers will vary. Sample answers:

1. — Quel bel appartement! Qu'est-ce que c'est joli!
   — Tu trouves? Je n'étais vraiment pas sûr(e) du résultat.
2. — Quelles belles fleurs! Elles sont superbes! Vous êtes si gentille d'avoir pensé à moi. Merci beaucoup de votre gentillesse.
   — Ce n'est rien. Un vingt-et-unième anniversaire, cela se fête!
3. — Comme vous êtes gentil(le)!
   — C'est normal, n'importe qui en aurait fait autant.
4. — Quelle jolie montre tu as! Fais voir un peu.
   — Tu trouves? Je l'aime bien, moi aussi. C'est un cadeau de mon/ma petit(e) ami(e).
5. — Ce que tu es doué(e)!
   — Oh, j'avais beaucoup travaillé, mais on ne sait jamais.

E. La retraite du journaliste. (p. 238)

1. détendant, m
2. épuisante, a

3. charmant, encourageant (brillant is also possible for either blank), a, a
4. gagnant, s
5. faisant, m
6. brillantes (charmantes), a
7. écrivant, m
8. continuant (faisant), s
9. parlant, m

F. Le nouvel entraîneur. (p. 239)
1. Après être arrivé(e)s, à vous échauffer
2. Après vous être échauffé(e)s, en faisant de la musculation
3. Courir
4. gagner, s'entraîner
5. en vous entraînant
6. en vous préparant pour
7. Après avoir quitté
8. obéissant

G. Portrait d'un «champion». (p. 239)
Answers will vary.

Leçon 2

A. Reproches et regrets. (p. 240)
Answers will vary. Sample answers:
1. Mais comment avez-vous pu faire ça? C'est inadmissible!
2. Écoutez, vous êtes super sympas, mais il ne fallait pas…
3. J'ai appris avec beaucoup de peine le deuil qui touche votre famille. Mes sincères condoléances.
4. Si seulement je n'avais pas tant mangé! Qu'est-ce que je suis bête!
5. Oh là là, je n'aurais jamais dû dire ça. J'aurais mieux fait de me taire.

B. Maintenant, je vois… (p. 241)
1. aurait fallu, me serais réveillé(e)
2. n'aurais pas conduit, n'aurais pas eu
3. n'aurais pas grossi
4. ne serais pas venu(e)
5. aurais mieux fait, aurais eu

C. Il aurait pu, il aurait dû. (p. 241)
1. aurait pu emprunter de l'argent à ses parents
2. aurait pu attraper un coup de soleil
3. auraient pu avoir un accident
4. auraient dû mettre le réveil
5. aurait dû attacher sa ceinture de sécurité
6. n'aurions pas dû sécher tant de cours

D. Qu'est-ce qui se serait passé? (p. 242)
Answers will vary, but will be in the past conditional. Sample answers:
1. je serais allé(e) à la Martinique
2. j'aurais écrit un e-mail à ma tante
3. nous serions sûrement allé(e)s voir un film
4. je lui aurais acheté une montre Rolex
5. j'aurais lu [nom du livre]
6. j'aurais vite téléphoné à la police

E. Les expériences des autres. (p. 243)
1. LES ATHLÈTES EXPÉRIMENTÉS: aurions gagné la médaille d'or du relais / avions amélioré le passage du témoin
LES NOUVEAUX CONCURRENTS: gagnerions la médaille d'or du relais / améliorions le passage du témoin
2. L'ATHLÈTE EXPÉRIMENTÉ: ne s'était pas cassé / aurais fini dans les dix premiers de la course
LE NOUVEAU CONCURRENT: ne se cassait pas / finirais dans les dix premiers de la course
3. L'ENTRAÎNEUR EXPÉRIMENTÉ: étaient restés en bonne santé / se serait bien placée dans le tournoi
LE NOUVEL ENTRAÎNEUR: restaient en bonne santé / se placerait bien dans le tournoi

Vos conseils, s'il vous plaît!
Answers will vary. Sample answer:

L'ÉTUDIANT(E) DE FRANÇAIS EXPÉRIMENTÉ(E): Je sais maintenant que si j'avais parlé plus en classe, et si je n'avais pas attendu jusqu'à la veille de l'examen pour étudier, j'aurais eu une meilleure note en français.

L'ÉTUDIANT(E) DÉBUTANT(E): Je comprends. Si je parlais beaucoup en classe, et si je n'attendais pas jusqu'à la veille des examens pour étudier, peut-être que j'aurais une meilleure note en français.

F. Les regrets d'un coureur cycliste. (p. 244)
1. aurait dû
2. avais voulu
3. auraient pu
4. avais gagné
5. aurais été
6. demandait
7. iraient
8. voulez
9. aurez
10. saurais

Avez-vous compris?
1. Il n'a pas pris assez de risques.
2. Ils n'ont pas été suffisamment agressifs dans les Alpes.
3. Il ne va probablement pas participer au Tour l'année prochaine.
4. Il leur dit qu'il faut participer aux grandes épreuves cyclistes du printemps, qu'il faut avoir une bonne préparation mentale et qu'il faut attaquer les meilleurs concurrents à l'entrée des Alpes.

G. Avec des si… (p. 245)
Answers will vary.

Leçon 3

A. De quoi s'agit-il? (p. 246)
1. T, C
2. C
3. T, C
4. T, C
5. C
6. T, C
7. T
8. T, C
9. T
10. C
11. T
12. C
13. C
14. T
15. C

B. Qu'est-ce que tu es difficile! (p. 246)

1. film d'espionnage
2. film d'épouvante
3. dessin animé
4. film d'amour
5. comédie (film d'espionnage comique)
6. western

Voici un film qui te plairait!

Answers will vary.

C. Un film intéressant. (p. 247)

Elle se rappelle une série d'événements de la guerre que sa meilleure amie a vécus. Cette amie, Anne Béranger, est l'héroïne du film. Au début de l'histoire, tous ceux qui la connaissaient **l'aimaient** et **la respectaient**. Son mari, Raymond, se cachait dans la cave de leur maison. Les soldats ennemis **le recherchaient** depuis des mois. Les soldats **avaient contacté** la milice pour le capturer, alors un groupe d'hommes installés dans l'immeuble d'en face **surveillaient** constamment la maison. Anne devait apporter des renseignements et du ravitaillement à son mari sans que personne **ne la voie**. Cependant, un jour, un voisin malveillant **l'a dénoncée**. Les soldats **ont fouillé** la maison mais, heureusement, ils n'ont trouvé personne. On **a arrêté** Anne dans la rue et deux miliciens **l'ont emmenée** au poste de police. Les soldats **n'avaient pas découvert** Raymond parce qu'il avait quitté sa cachette la veille. À ce moment-là, des amis **l'ont recueilli** dans une autre petite ville voisine. Finalement, des groupes de résistants **ont libéré** la ville et Anne et son mari se sont retrouvés.

D. Une pièce réussie. (p. 248)

1. On a créé une mise en scène très dramatique.
2. Jour après jour, on jouait cette pièce à guichets fermés.
3. C'est normal, parce qu'on aime beaucoup cette troupe théâtrale.
4. On a offert des billets gratuits à mes collègues et à moi.
5. On avait affiché un compte rendu très positif devant le théâtre.
6. À neuf heures précises, on a frappé les trois coups.
7. À la fin, on a applaudi la pièce avec enthousiasme.
8. On appréciera toujours les thèmes de cette pièce.
9. On aimerait d'autres pièces de ce genre aussi.

E. Cinéma: mode d'emploi. (p. 249)

1. Des salles de cinéma se trouvent souvent dans les centres commerciaux.
2. Les billets se vendent à l'entrée du cinéma.
3. Un entracte au cinéma? Ça ne se voit pas très souvent.
4. Le popcorn se mange pendant le film.

F. Un documentaire. (p. 249)

1. Le Canada a été exploré par le navigateur français Jacques Cartier au XVIe siècle.
2. L'appel du 18 juin 1940 a été lancé par Charles de Gaulle de Londres.
3. Les armées alliées ont été accueillies en Normandie le 6 juin 1944.
4. Les Français ont été vaincus par les Vietnamiens à Dien Bien Phu en 1954.
5. Le droit de vote a été obtenu par les Françaises en 1944.
6. Le traité de Maastricht a été signé par les pays membres de la Communauté européenne en décembre 1991.
7. L'invasion de l'Irak a été condamnée par le gouvernement français en 2003.

G. Deux continents, deux pays, deux religions, deux révolutions. (p. 250)

… Par contre, l'Amérique **est préservée** du même destin par la sagesse des Pères fondateurs. C'est d'ailleurs pourquoi même les Américains les plus favorables à la Révolution française **ont été choqués** par la Terreur. L'Amérique **a été sauvée** par les pratiques religieuses datant de la Réforme, alors qu'en France, le conflit entre les idées des philosophes du XVIIIe siècle et celles associées au Christianisme **a été la conséquence** de l'échec de la Réforme. Le combat contre la tradition **a été lancé** par la Révolution française… les échos de cette lutte **ont été ressentis** dans toute l'Europe.

Votre opinion, s'il vous plaît!

Answers will vary. Sample answers:

Je préfère la voix active parce que la voix passive est répétitive (on répète le verbe être). / Je préfère la voix passive parce que ça donne un certain sérieux à l'introduction.

H. Un vrai navet! (p. 251)

Answers will vary.

EXERCICES DE LABORATOIRE

Phonétique

A. (p. 252)

	[j]	[w]	[ɥ]
1. fruit			x
2. palier	x		
3. bruit			x
4. roi		x	
5. tatouage		x	
6. allié	x		
7. pouvions	x		
8. voué		x	
9. ébloui		x	
10. pluie			x

D. (p. 253)

	[ø]	[œ]
1. je meurs		x
2. immeuble		x
3. crasseuse	x	
4. lieu	x	

5. cœur   x
6. ceux   x
7. sérieuse   x
8. eux   x
9. sœur   x
10. neuf   x

E. (p. 253)
1. Comment les Hollandais ont-ils été reçus aux Invalides?
2. Comme vous allez être heureuse et rieuse!
3. Les hostilités ont commencé entre ces deux héros quand le grand a accusé l'autre.
4. Comment ces électeurs audacieux n'ont-ils pas osé parler aux élus?

F. (p. 253)

	nasalisé	non-nasalisé
1. mission	x	
2. Christiane		x
3. bien	x	
4. viennent		x
5. tonne		x
6. brigand	x	

Leçon 1

C. La bonne réponse. (p. 254)
1. rapports formels
2. rapports familiers
3. rapports familiers
4. rapports formels

Leçon 2

C. La bonne réponse. (p. 256)
1. à quelqu'un d'autre
2. à elle-même
3. à elle-même
4. à quelqu'un d'autre
5. à quelqu'un d'autre

Leçon 3

C. La bonne réponse. (p. 258)
1. pas logique
2. logique
3. pas logique
4. logique

G. Attendez que je vous explique. (p. 259)

En bref, j'étais allé au match de basket cet après-midi. Nous nous étions entraînés sans reprendre haleine jusqu'à ce que nous nous sentions prêts. Quelle chaleur il faisait dehors aujourd'hui! Si nous n'avions pas eu tant envie de gagner, nous n'aurions pas continué à jouer comme ça avant le match avec l'autre équipe. Nous avons finalement commencé le match à quatre heures. C'était un match nul quand mon copain Marc est tombé en courant et ne s'est pas relevé. Ce qui s'est passé, c'est que la chaleur avait dû être trop forte pour lui. Il a été transporté à l'hôpital et je suis allé avec lui. En somme, voilà pourquoi je rentre si tard.

H. Chanteuse? Moi? (p. 260)
1. F (elle a chanté dans la chorale de son église)
2. V
3. V
4. F
5. F
6. V

I. Une nuit inoubliable. (p. 260)
1. à Chicago
2. trois (le frère, sa sœur et un troisième enfant)
3. Trois enfants de la banlieue de Chicago passent une nuit perdus en ville.
4. La petite fille découvre qu'il existe de vrais héros dans la ville. Son frère tombe amoureux pour la première fois.

J. La onzième étape: Besançon–Morzine. (p. 261)
1. b
2. a
3. c
4. b
5. b

LABORATORY AUDIO SCRIPT

Chapitre 1 Heureux de faire votre connaissance

Phonétique CD1–2

L'accentuation

Dans la prononciation d'un mot, en anglais, certaines syllabes sont accentuées; d'autres ne le sont pas. En français on met la même force d'accent sur chacune des syllabes d'un mot. Prenez un mot de trois syllabes comme autrefois. Tapez trois coups de même intensité sur une table à l'aide d'un stylo, et vous aurez une idée du rythme à garder.

A. Écoutez et répétez les mots français suivants.

français	*anglais*	*français*	*anglais*
mathématiques	mathematics	télévision	television
***		***	
attitude	attitude	responsabilité	responsibility
***		***	
facilité	facility		
***			

B. Écoutez et répétez les mots ci-dessous.

téléphone	comptabilité	haricots verts
***	***	***
décapotable	Pablo Picasso	passer un examen
***	***	***
proportion	supermarché	anticonstitutionnellement
***	***	***

L'intonation CD1–3

L'intonation d'une phrase déclarative française s'organise autour des unités sémantiques qu'elle contient. Elle s'élève avec chaque nouveau groupe et descend à la fin de la phrase. S'il n'y a qu'un seul groupe sémantique reconnaissable, l'intonation sera descendante.

MODÈLES: *Phrase courte (un seul groupe sémantique)*

Je fais mes devoirs.

Phrase longue (plusieurs groupes sémantiques)

D'habitude, je fais mes devoirs dans ma chambre en regardant la télévision.

C. Écoutez et répétez les phrases suivantes. Faites aussi attention à l'accentuation.

1. Ils ne l'ont pas compris.
   ***
2. Tu bois de l'eau minérale.
   ***
3. Elle étudie la comptabilité.
   ***
4. Véronique a une bonne personnalité.
   ***
5. Quand il va préparer le dîner, il se lave les mains et met un tablier avant d'entrer dans la cuisine.
   ***
6. Nous irons au supermarché avec nos amis quand ils auront réparé leur automobile.
   ***

7. Avant de passer son examen, il a téléphoné à son ami qui est très bon en mathématiques.
   ***
8. Pablo Picasso sera toujours célèbre grâce à ses tableaux et à ses dessins.
   ***

D. Maintenant, écoutez et répétez ce paragraphe. Ajoutez de petites flèches pour indiquer l'intonation de la phrase.

> Véronique n'est pas allée en classe aujourd'hui. Elle était malade. Du moins, elle a dit qu'elle était malade. En réalité, elle a menti. Elle avait envie de conduire sa décapotable au supermarché pour y acheter des provisions. Elle n'est pas raisonnable. Elle aurait mieux fait d'aller en classe et de travailler. Elle ne réussira jamais dans la vie avec une attitude comme celle-là.
> ***

Leçon 1   CD1–4

Conversation

A. Les salutations. Les salutations sont un aspect très important de la civilisation française. Écoutez la Conversation (manuel, **chapitre 1,** leçon 1), en prêtant attention aux expressions pour saluer, se présenter et prendre congé.

[Conversation text appears on textbook page 6.]

Maintenant, écoutez et répétez les phrases suivantes. Imitez l'intonation de la phrase et les expressions qu'on utilise pour saluer, se présenter et prendre congé.

1. Je me présente. Je m'appelle Charles Moiset.
   ***
2. Permettez-moi de vous présenter ma femme, Madame Kairet.
   ***
3. Enchanté de faire votre connaissance.
   ***
4. Nancy, je te présente Monsieur et Madame Kairet.
   ***
5. Bonjour, mademoiselle. Comment allez-vous?
   ***
6. Bonjour, madame; bonjour, monsieur. Je suis heureuse de faire votre connaissance.
   ***

B. La bonne réponse. Écoutez les phrases, et choisissez la bonne réponse.

1. Claude, permettez-moi de vous présenter M. Charles Dupont.
2. Ciao, Dominique. N'oublie pas qu'on dîne ensemble ce soir.
3. Salut, Martine! Ça va?

La grammaire à apprendre   CD1–5

Les verbes irréguliers: *suivre, courir, mourir, rire, conduire, savoir et connaître*

C. Au programme de ce soir. Quelques amis, qui sont des mordus de télévision, en discutent ce soir autour d'un café. Ils rient beaucoup en s'interrogeant sur les programmes qu'ils aiment. Répondez aux questions que vous entendrez en incluant les mots-clés ci-dessous.

MODÈLE: Vous lisez: Oui, ils...
Vous entendez: Des athlètes français courent-ils à la télévision ce week-end?
Vous répondez: *Oui, ils courent à la télévision ce week-end.*

1. Vous riez souvent quand vous regardez une bonne comédie?
   ***
   Oui, je ris souvent quand je regarde une bonne comédie.
2. Jean meurt-il toujours de peur pendant les films d'épouvante?
   ***
   Oui, il meurt toujours de peur pendant les films d'épouvante.

3. Vous vivez les drames avec les acteurs?
   ***
   Oui, nous vivons les drames avec les acteurs.

4. Les vieux films te séduisent-ils?
   ***
   Oui, ils me séduisent.

5. Est-ce que vous suivez la nouvelle série américaine?
   ***
   Non, nous ne suivons pas la nouvelle série américaine.

6. Est-ce que vous connaissez des critiques français?
   ***
   Non, je ne connais pas de critiques français.

7. Vous savez qui a gagné le prix du meilleur acteur l'année dernière?
   ***
   Non, je ne sais pas qui a gagné le prix du meilleur acteur l'année dernière.

D. Je sais tout, je connais (presque) tout. Philippe cherche à impressionner une étudiante américaine qu'il a rencontrée récemment chez des amis communs. Écoutez ce qu'il dit. (Vous pouvez écouter deux fois si nécessaire.)

Si vous voulez visiter Paris, je veux bien essayer de vous guider. Je connais cette ville comme ma poche, mais je ne la connais pas aussi bien que Bordeaux, où je suis né. Je sais où se trouvent presque tous les monuments célèbres. Je sais qui a construit la tour Eiffel et l'arc de Triomphe, mais je ne connais pas la date exacte de leur construction. Je connais un artiste-peintre qui habite à Montmartre. Il sait bien peindre. Il sait aussi parler anglais, et vous pourrez ainsi mieux faire connaissance.

Maintenant, répondez aux questions suivantes en choisissant une des deux réponses possibles et en utilisant le verbe connaître ou savoir.

MODÈLE: Vous lisez: tous les monuments / presque tous les monuments
Vous entendez: Philippe sait où se trouvent combien de monuments?
Vous répondez: *Philippe sait où se trouvent presque tous les monuments.*

1. Quelle ville est-ce que Philippe connaît le mieux?
   ***
   Philippe connaît Bordeaux le mieux.

2. Est-ce qu'il sait qui a construit la tour Eiffel?
   ***
   Oui, il sait qui a construit la tour Eiffel.

3. Connaît-il aussi la date de sa construction?
   ***
   Non, il ne connaît pas la date de sa construction.

4. Qui Philippe connaît-il bien?
   ***
   Il connaît bien un artiste-peintre.

5. Qu'est-ce que l'artiste-peintre sait bien faire?
   ***
   Il sait bien peindre.

6. Qu'est-ce qu'il sait faire d'autre?
   ***
   Il sait aussi parler anglais.

Leçon 2   CD1–6

Conversation

A. La pluie et le beau temps. En français, il faut savoir parler de la pluie et du beau temps. Écoutez la Conversation (manuel, **chapitre 1**, leçon 2), en prêtant attention aux expressions pour discuter.

[Conversation text appears on textbook page 14.]

Maintenant, écoutez et répétez les phrases suivantes. Imitez l'intonation de la phrase et les expressions qu'on utilise pour discuter.

1. Laurence, vous allez loin?
   ***
2. C'est la première fois que vous allez en Turquie?
   ***
3. Ah, c'est joli quand même par ici...
   ***
4. Oui, le paysage est très beau.
   ***
5. Est-ce qu'il y fait chaud à cette époque-ci?
   ***
6. Oui, il y fait chaud mais l'air est sec. Ça va nous faire du bien.
   ***

La grammaire à apprendre CD1-7
Les expressions de temps

B. Dans le train. Susan suit des cours à l'université de Rouen. Dans le train, elle rencontre Chantal, une étudiante française. Chantal lui pose des questions. Reconstituez les questions de Chantal d'après les réponses données par Susan. N'utilisez pas l'inversion dans vos questions. La première partie de votre réponse est donnée.

MODÈLE: Vous lisez: Depuis quand...
　　　　　Vous entendez: J'habite Rouen depuis le 25 mars.
　　　　　Vous demandez: *Depuis quand est-ce que tu habites Rouen?*

1. Nous sommes partis de Rouen il y a deux heures.
   ***
   Quand est-ce que nous sommes partis de Rouen?
2. Il y a six mois que j'étudie à l'université.
   ***
   Il y a combien de temps que tu étudies à l'université?
3. Ça fait trois ans que je parle français.
   ***
   Ça fait combien de temps que tu parles français?
4. J'ai visité la France pour la première fois il y a huit ans.
   ***
   Quand est-ce que tu as visité la France pour la première fois?
5. J'ai passé une semaine à Paris.
   ***
   Combien de temps est-ce que tu as passé à Paris?
6. Je fais du tennis depuis l'école primaire.
   ***
   Depuis quand est-ce que tu fais du tennis?
7. Ça fait un mois que j'ai cette nouvelle raquette.
   ***
   Depuis combien de temps est-ce que tu as cette nouvelle raquette?

C. Confidence pour confidence. Maintenant, c'est Chantal qui parle d'elle-même. Écoutez attentivement ce qu'elle dit. (Vous pouvez écouter deux fois si nécessaire.)

Moi, je fréquente cette université depuis trois ans. Il y a des années que mes parents habitent à Rouen. C'est là que j'ai grandi; alors c'était plus facile pour moi que d'aller dans une autre ville. J'ai commencé à étudier l'anglais quand j'avais douze ans; j'ai maintenant vingt et un ans. Ça fait maintenant un mois et demi que je donne des cours particuliers d'anglais pour gagner un peu d'argent. Il y avait plus de deux ans que je cherchais du travail à mi-temps quand j'ai finalement eu cette idée.

Maintenant, écoutez les phrases qu'on va vous lire et décidez si elles sont vraies ou fausses. Entourez la réponse de votre choix.

1. Chantal fréquente l'université de Rouen depuis trois ans.
2. Ça fait des mois que ses parents et elle habitent dans cette même ville.
3. Chantal a vingt et un ans, et elle a commencé à étudier l'anglais il y a neuf ans.
4. Elle a commencé à donner des cours de danse il y a un mois et demi.
5. Elle avait cherché du travail pendant un an.

Les noms   CD1–8

D. Quelle coïncidence! Deux autres voyageuses découvrent qu'elles ont beaucoup en commun. Dès que l'une d'entre elles mentionne un détail ayant trait à un membre de son entourage, l'autre établit aussitôt une comparaison. Écoutez les phrases et répondez en imitant le modèle qui suit et en utilisant les mots-clés ci-dessous.

MODÈLE: Vous lisez: Ma tante…
         Vous entendez: Mon père est directeur.
         Vous dites: *Ma tante aussi est directrice!*

1. Ma sœur travaille comme ouvrière.
   ***
   Mon cousin aussi travaille comme ouvrier.
2. Mon père a été acteur autrefois.
   ***
   Ma grand-mère aussi a été actrice autrefois.
3. Moi, je veux devenir banquière.
   ***
   Mon frère aussi veut devenir banquier.
4. Mon ami d'enfance rêve d'être chanteur.
   ***
   Ma cousine aussi rêve d'être chanteuse.
5. J'ai un ami musicien.
   ***
   Moi aussi, j'ai une amie musicienne.
6. Mon père est patron d'une grande entreprise.
   ***
   Ma mère aussi est patronne d'une grande entreprise.
7. Mon voisin est ingénieur.
   ***
   Ma tante aussi est une femme ingénieur.
8. Mon oncle sera toujours étudiant.
   ***
   Ma sœur cadette aussi sera toujours étudiante.

E. C'est l'âge. Vous avez parmi vos voisins une très vieille dame à qui vous allez souvent rendre visite après les cours. Vous allez ici assumer son rôle et répondre aux questions en substituant par son pluriel le nom que vous entendrez et en utilisant les mots-clés ci-dessous. Faites tous les autres changements nécessaires.

MODÈLE: Vous lisez: Oui…
         Vous entendez: Votre chat est-il dans le jardin?
         Vous répondez: *Oui, mes chats sont dans le jardin.*

1. Est-ce que vous lisez un journal tous les jours?
   ***
   Oui, je lis des journaux tous les jours.
2. Vous avez fini de lire votre livre?
   ***
   Non, je n'ai pas fini de lire mes livres.
3. Vous avez mal à l'œil?
   ***
   Non, je n'ai pas mal aux yeux.

4. Est-ce que vous pouvez faire le travail ménager?
   ***
   Non, je ne peux pas faire les travaux ménagers.
5. Vous avez toujours mal au genou?
   ***
   Oui, j'ai toujours mal aux genoux.
6. Un monsieur est venu pour vous aider?
   ***
   Oui, des messieurs sont venus pour m'aider.

Leçon 3 CD1–9

Conversation

A. C'est bien de pouvoir aider les autres. Écoutez la Conversation (manuel, **chapitre 1,** leçon 3), en prêtant attention aux expressions pour demander ou offrir un service.

[Conversation text appears on textbook page 28.]

Maintenant, écoutez et répétez les phrases suivantes. Imitez l'intonation de la phrase et les expressions qu'on utilise pour demander ou offrir un service.

1. Si ça ne vous dérangeait pas, est-ce que vous pourriez ouvrir la fenêtre?
   ***
2. Est-ce que tu veux que je t'aide?
   ***
3. Attends, je vais t'aider.
   ***
4. Tu pourrais me donner un coup de main?
   ***
5. Merci, je me sens déjà mieux.
   ***

B. La bonne réponse. Écoutez les mini-dialogues, et indiquez si l'offre d'aide a été acceptée ou refusée.

1. — Tu veux que j'achète ton billet?
   — Oh, merci. Je peux le faire moi-même.
2. — Si cela peut vous rendre service, je veux bien descendre vos valises.
   — Merci, jeune homme. Vous êtes vraiment très aimable.
3. — T'as besoin d'un coup de main?
   — Écoute, ce serait vraiment très sympa!
4. — Nous pourrions vous aider?
   — C'est très gentil, monsieur, mais mon fils arrive tout à l'heure.

La grammaire à apprendre CD1–10

Le conditionnel

C. Et les bonnes manières? Caroline a souvent recours aux membres de sa famille quand elle a besoin de quelque chose. Mais elle a tendance à se montrer impolie. À l'aide du conditionnel, aidez Caroline à corriger ses manières en modifiant les phrases qu'elle prononce.

MODÈLE: Vous entendez: Tu as un peu d'argent à me prêter?
    Vous dites: *Tu aurais un peu d'argent à me prêter?*

1. Tu es libre à sept heures demain soir?
   ***
   Tu serais libre à sept heures demain soir?
2. Est-ce que vous dînerez avec moi?
   ***
   Est-ce que vous dîneriez avec moi?

3. Pouvez-vous m'emmener à la gare?
   ***
   Pourriez-vous m'emmener à la gare?
4. Tu sais à quelle heure part le train de Paris?
   ***
   Tu saurais à quelle heure part le train de Paris?
5. Vous venez à ma soirée?
   ***
   Vous viendriez à ma soirée?
6. Est-ce que tu me prêtes ta voiture pour le week-end?
   ***
   Est-ce que tu me prêterais ta voiture pour le week-end?

D. Dans le Paris–Grandville. Vous voyagez dans un train bondé, et vous percevez des bribes de conversation entre certains passagers. Écoutez les réponses et reconstituez les questions à l'aide des éléments donnés. Utilisez l'inversion et n'oubliez pas d'employer le conditionnel.

MODÈLE: Vous entendez: Oui, je peux vous aider à descendre votre valise.
       Vous demandez: ***Pourriez-vous m'aider à descendre ma valise?***

1. Non, merci, je ne veux pas lire votre magazine.
   ***
   Voudriez-vous lire mon magazine?
2. Bien sûr, je peux fermer la fenêtre du wagon.
   ***
   Pourriez-vous fermer la fenêtre du wagon?
3. Mais oui, j'ai l'heure. Il est cinq heures.
   ***
   Auriez-vous l'heure?
4. Oui, je voudrais la moitié de votre sandwich.
   ***
   Voudriez-vous la moitié de mon sandwich?
5. Oui, il faut fermer la portière.
   ***
   Faudrait-il fermer la portière?
6. Oui, nous devons garder nos billets.
   ***
   Devrions-nous garder nos billets?

Dictée   CD1–11

E. Extrait d'un journal intime. En rangeant les affaires de sa fille, partie à l'université depuis un mois, Mme Duprès trouve le journal que sa fille écrivait quand elle avait douze ans. Elle va vous en lire un passage que vous écrirez soigneusement. D'abord, elle lira le passage en entier. Ensuite, elle lira chaque phrase deux fois. Enfin, elle relira tout le passage pour que vous puissiez vérifier votre travail. Écoutez.

le 20 novembre
Aujourd'hui j'ai vu un film à la télévision. C'est l'histoire de la vie d'une femme médecin qui vit en Afrique, et y meurt dans un accident de voiture. Je voudrais devenir actrice après avoir fini mes études. Les acteurs célèbres ont une vie si intéressante; ils travaillent dans beaucoup de pays, ils vont à des festivals de cinéma, ils font la connaissance de stars et de critiques internationaux. Ils ont une vie très variée et fascinante. J'adore ce style de vie. Voilà déjà longtemps que j'y pense. J'ai juste une question: Que diraient mes parents?

Compréhension   CD1–12

Le TGV

Les conversations du premier chapitre ont lieu dans le train. Vous allez entendre des annonces faites au haut-parleur. Écoutez le CD et imaginez que vous êtes aussi dans le train.

Attention à la fermeture automatique des portières. Mesdames et messieurs, la SNCF et le personnel d'accompagnement sont heureux de vous accueillir à bord du TGV 845 à destination de Nice. Ce TGV desservira Lyon, Toulon, St-Raphaël, Cannes et Antibes. Nous vous souhaitons un agréable voyage.

Dans quelques instants le TGV arrive à Lyon—Lyon, deux minutes d'arrêt. Correspondance pour Grenoble à 13h07; correspondance à 13h10 pour St-Étienne. Attention, s'il vous plaît, nous vous rappelons que ce TGV est sans arrêt entre Lyon et Toulon—TGV sans arrêt entre Lyon et Toulon. Assurez-vous d'avoir fait votre réservation obligatoire pour le TGV.

Maintenant, arrêtez le CD et faites les exercices dans votre *Cahier*.

Les jeux Olympiques de Sydney CD1–13

Vous entendez un reportage à la radio sur la cérémonie d'ouverture des jeux Olympiques de Sydney. Écoutez attentivement ce reportage historique.

La cérémonie d'ouverture des jeux Olympiques de Sydney a eu lieu vendredi 15 septembre 2000 au stade olympique Stadium Australia devant 110 000 spectateurs. La torche olympique, qui avait été allumée à Olympie, en Grèce, le 10 mai 2000, est arrivée, portée par la championne aborigène Cathy Freeman. Elle a embrasé la vasque olympique, après un voyage d'une durée de cent jours et d'une distance de 27 000 kilomètres à travers l'Australie. Les spectateurs ont assisté à une émouvante célébration de l'Australie, sur un fond de couleurs et de lumières, de danses, de chants et d'acrobaties en tous genres. Le spectacle d'ouverture, qui comptait 12 500 participants, a été accompagné du discours du président du comité olympique international et de celui du gouverneur général d'Australie, Sir William Dean. Les 10 200 athlètes internationaux qui représentent les vingt-huit disciplines olympiques ont également défilé lors de la cérémonie d'ouverture de ces XXVIIe jeux Olympiques que 3,5 milliards de téléspectateurs ont suivie dans le monde entier.

Maintenant, arrêtez le CD et faites les exercices dans votre *Cahier*.

Sujets de conversation CD1–14

Regardez la carte et les symboles ci-dessous. Comme vous le savez, la France est divisée en régions. Le météorologiste va mentionner ces régions. Ensuite, écoutez le CD.

Pour demain, Laurent Marchand prévoit du soleil mais aussi des orages.

Sur l'Alsace, la Lorraine, la Franche-Comté, la région Rhône-Alpes, c'est un beau temps nuageux. Dans le courant de la journée, rapidement une tendance orageuse se manifestera avec des averses sur les massifs montagneux, notamment du Jura et des Alpes.

Si vous habitez maintenant l'Aquitaine, le Midi-Pyrénées, le Limousin, le Languedoc, la Provence, la Côte d'Azur et la Corse, là, c'est un temps lourd et orageux tout au long de la journée de demain, avec des averses dans toutes les régions de la côte méditerranéenne, mais surtout sur les Pyrénées.

Maintenant, la Bretagne et la Normandie et les Pays de la Loire, un beau temps nuageux avec des températures beaucoup plus fraîches, dans la mesure où le vent du nord-est se maintient avec moins de vigueur qu'aujourd'hui. Cela implique donc, ce vent du nord, des températures plus fraîches, enfin en tout cas beaucoup plus supportables. Sur la Champagne, le Centre, les Charentes, le Poitou, la Bourgogne — journée agréable.

Et les températures: nous en parlions. Les voici:

20 degrés à Cherbourg demain après-midi
21 à Calais, à Lille
22 à Annecy
23 à Brest et Reims
24 à Rennes, à Nantes
25 à Strasbourg et Nancy
26 à Paris, Dijon, Clermont-Ferrand, Tours, Limoges et Lyon
à Bordeaux, 27
à Toulouse, 28
à Marseille, 29
et à Nîmes, 31 degrés

Maintenant, arrêtez le CD et faites les exercices dans votre *Cahier*.

Chapitre 2 Je t'invite...

Phonétique CD2–2

L'intonation (SUITE)

L'intonation d'une question est en général montante si on peut y répondre par oui ou par non. Écoutez et répétez.

   Est-ce que vous avez un chien?
   ***

   Êtes-vous américain?
   ***

L'intonation est descendante si la question requiert un autre type de réponse et si elle contient un mot interrogatif (par exemple, **pourquoi, où, lequel**). Écoutez et répétez.

   Pourquoi est-ce que tu es arrivé en retard?
   ***

   Qui est le président des États-Unis?
   ***

A. Écoutez les questions suivantes avec attention et répétez-les en prêtant l'oreille à l'intonation. Est-elle montante ou descendante?

1. Est-ce que tu as faim?
   ***
2. Quels vêtements est-ce que tu vas porter?
   ***
3. À quelle heure est-ce que tu vas être prêt?
   ***
4. Est-ce que «Le Coq d'Or» te plairait pour ce soir?
   ***
5. Tu veux aller au restaurant avec nous?
   ***
6. Combien d'argent est-ce que tu peux dépenser?
   ***

B. Vous avez sûrement remarqué la différence entre l'intonation montante et l'intonation descendante. Maintenant vous allez entendre les réponses aux questions posées dans l'exercice A. Trouvez la question qui correspond à chaque réponse et lisez cette question à haute voix en respectant l'intonation.

1. Je peux dépenser 40 euros.
   ***
2. Oui, j'ai très faim.
   ***
3. Je vais porter mes vêtements neufs.
   ***
4. Oui, je veux bien aller au restaurant avec vous.
   ***
5. Non, «La Chaumière Normande» me plairait mieux.
   ***
6. Je vais être prêt à huit heures.
   ***

Le [ə] muet CD2–3

En général, la lettre e sans accent se prononce [ə] comme dans les mots suivants:

je	te	retenir	regarder
***	***	***	***

Faites attention à bien distinguer le son [ə] du son [y]. (Le son [y] est présenté dans le chapitre 4.) Écoutez les exemples suivants:

menu	revue	dessus
***	***	***

C. Écoutez et répétez les groupes de mots suivants:

le, lu	de, du	te, tu	se, su
***	***	***	***
devant, durant	repas, ruban	râtelier, rassurer	
***	***	***	

Cependant, le [ə] muet n'est pas toujours prononcé. Il faut étudier l'entourage phonétique pour savoir s'il est prononcé ou non. Par exemple, le [ə] muet n'est pas prononcé à la fin d'un mot.

D. Écoutez et répétez les mots suivants:

voyage	américaine	dimanche	offerte
***	***	***	***
j'aime	grande	assurance	garage
***	***	***	***
passe	affaire	grippe	pomme
***	***	***	***

Généralement, le [ə] muet n'est pas prononcé quand il est précédé et suivi par un son consonantique.

E. Écoutez et répétez les expressions suivantes:

allemand	un kilo de tomates
***	***
charcuterie	chez le dentiste
***	***
rarement	elle n'a pas le courage
***	***
amener	tout le quartier
***	***

Le [ə] muet se prononce quand il est la première syllabe d'un mot ou d'une expression.

F. Écoutez et répétez:

le ski	le papier	regarder	demain
***	***	***	***

On prononce aussi le [ə] muet quand il est précédé par deux consonnes et suivi d'une troisième. Le prononcer permet d'éviter d'avoir à prononcer trois consonnes à la fois.

G. Écoutez et répétez les expressions suivantes:

mercredi	appartement	probablement	quelque chose	il se lève
***	***	***	***	***

H. Répétez maintenant les phrases suivantes et marquez les [ə] muets.

1. J'aime rarement faire de petits voyages le dimanche; je préfère le mercredi.
   ***
2. Tout le quartier mange probablement des pommes américaines.
   ***
3. Malheureusement, elle n'a pas le courage de quitter l'appartement et d'aller chez le dentiste.
   ***
4. Ma fille aînée utilise son assurance-auto seulement pour quelque chose de grave.
   ***

Leçon 1 CD2–4

Conversation

Comme vous le savez, il y a en français des expressions particulières pour inviter, ainsi que pour accepter ou refuser. Écoutez la Conversation (manuel, **chapitre 2,** leçon 1), en prêtant attention à ces expressions. Remarquez aussi quels mots ou expressions on utilise en français pour hésiter.

[Conversation text appears on textbook page 51.]

A. Hésitations. Écoutez et répétez les phrases suivantes. Imitez l'intonation de la phrase et les expressions qu'on utilise pour hésiter.

1. Oui, euh… à peu près dix ans, hein?
   ***
2. Oui, ça va bien. Enfin, ça va, quoi!
   ***
3. Écoute, mercredi, en principe, euh, je n'ai rien de prévu.
   ***
4. Ah, ben, non, attends… non, j'ai mon cours d'aérobic.
   ***
5. Je pensais que tu pourrais venir, peut-être… pour le dîner.
   ***
6. Euh… jeudi?
   ***

B. La bonne réponse. Vous allez entendre quatre mini-conversations (a, b, c et d). Mettez la lettre de la conversation devant le scénario qui la décrit le mieux.

Dialogue A
— Ça te dit de sortir avec nous ce soir? On a envie d'essayer le nouveau restaurant thaïlandais.
— Euh… en principe, ça me plairait. La seule chose, c'est… Est-ce que ça coûte cher?
— Je ne pense pas. De toute façon, on t'invite. Ça nous ferait tellement plaisir de te voir.
— Alors, volontiers!

Dialogue B
— Il y a un très bon film à la télé ce soir. On le regarde ensemble?
— Écoute, ce serait vachement sympa, mais j'ai vraiment pas le temps ce soir. Si on déjeunait ensemble samedi?
— D'accord. Je suis prise jusqu'à 11h, mais après ça, je suis libre toute la journée.

Dialogue C
— Je voudrais vous inviter à prendre le thé avec ma fille et moi. Seriez-vous libre mardi prochain vers quatre heures?
— Très volontiers. Je serais enchantée de venir. Cela fait des années que j'entends parler de votre fille. Ce sera un plaisir de faire sa connaissance.
— Entendu. À très bientôt, alors!

Dialogue D
— Nous sommes un peu confus, ma femme et moi, de ne pas avoir eu l'occasion de vous recevoir chez nous jusqu'à maintenant. Seriez-vous libres vendredi en huit? On se ferait un plaisir de vous inviter à dîner.
— C'est très gentil de votre part. Nous avons malheureusement quelque chose de prévu pour ce soir-là. Peut-être une autre fois?
— Mais bien sûr, cher collègue. Ma femme téléphonera bientôt à la vôtre pour arranger quelque chose.

La grammaire à apprendre CD2–5

Les verbes irréguliers: *boire, recevoir, offrir* et *plaire*

C. Recevoir des amis. Un étudiant américain pose des questions à son nouveau camarade de chambre français. Jouez le rôle du jeune Français et répondez aux questions en utilisant les indications données. Faites attention aux changements de l'article indéfini ou partitif quand la réponse est négative.

MODÈLES: Vous lisez: Oui, je...
Vous entendez: Tu reçois souvent des amis?
Vous répondez: *Oui, je reçois souvent des amis.*

Vous lisez: Non, mes cousins...
Vous entendez: Est-ce que tes cousins reçoivent souvent des amis?
Vous répondez: *Non, mes cousins ne reçoivent pas souvent d'amis.*

1. Boivent-ils l'apéritif?
   ***
   Oui, ils boivent l'apéritif.
2. Tu offres des fleurs quand tu es invité(e)?
   ***
   Non, je n'offre pas de fleurs quand je suis invité(e).
3. Est-ce que certains plats américains déçoivent les étrangers?
   ***
   Oui, les hamburgers déçoivent les étrangers.
4. Est-ce que les restaurants américains te plaisent?
   ***
   Oui, en général les restaurants américains me plaisent.
5. Toi et tes amis, souffrez-vous d'indigestion quand vous mangez trop de frites?
   ***
   Oui, nous souffrons d'indigestion quand nous mangeons trop de frites.
6. Tu ouvres quelquefois une bouteille de champagne?
   ***
   Non, je n'ouvre jamais de bouteille de champagne.

D. À vous de choisir. Regardez les images ci-dessous, écoutez les phrases qui les accompagnent et décidez si la phrase et l'image correspondent l'une à l'autre. Si oui, entourez OUI et répétez la phrase. Sinon, entourez NON et modifiez la phrase avec le verbe indiqué entre parenthèses.

MODÈLE: Vous entendez: Hélène reçoit des invités.
Vous entourez: OUI
Vous dites: *Oui, Hélène reçoit des invités.*

1. Ils restent à la maison ce soir.
   ***
   Mais non, ils vont au restaurant ce soir.
2. Jean boit un verre d'eau minérale.
   ***
   Mais non, Jean boit du Coca.
3. Marie-Thérèse offre l'apéritif à son ami.
   ***
   Oui, Marie-Thérèse offre l'apéritif à son ami.
4. Le cuisinier sert du poulet pour le déjeuner.
   ***
   Oui, le cuisinier sert du poulet pour le déjeuner.
5. Le jeune couple adore l'art moderne.
   ***
   Mais non, l'art moderne déplaît au jeune couple.

Leçon 2   CD2-6

Conversation

A. J'accepte. Écoutez la Conversation (manuel, **chapitre 2, leçon 2**), en prêtant attention aux expressions pour offrir à boire ou à manger. Remarquez aussi comment on accepte ou refuse ces offres.

[Conversation text appears on textbook pages 60–61.]

Maintenant, répétez les phrases suivantes. Faites attention à la prononciation et à l'intonation de la phrase.

1. Je te sers un apéritif?
   ***
2. Oui, volontiers.
   ***
3. Oui, je veux bien, merci.
   ***
4. Tu reprends des légumes peut-être?
   ***
5. Est-ce que je peux vous servir du fromage?
   ***
6. Oh, vous savez, je crois vraiment que je ne peux plus...
   ***
7. Laissez-vous tenter par ce petit chèvre.
   ***
8. Bon, d'accord. Alors, un tout petit peu! Par pure gourmandise, vraiment.
   ***

B. La bonne réponse. Écoutez les mini-conversations suivantes. Est-ce la première fois qu'on offre à boire ou à manger? Marquez OUI ou NON, selon le cas. Ensuite, indiquez si la personne a accepté l'offre (+), ou si elle l'a refusée (−).

1. — Encore quelques carottes?
   — Je veux bien, merci.
2. — Je vous offre un petit café?
   — Oh, merci. Je ne prends jamais de café le soir.
3. — Vous allez bien reprendre un peu de mousse?
   — *(petit rire)* Écoutez, c'est par pure gourmandise. Je résiste difficilement au chocolat.
4. — Il reste un peu de kir. Tu le veux?
   — Oh, ça va comme ça.
5. — Vous prendrez bien un peu de vin avec le repas?
   — Je ne dirai pas non. Je connais bien ce Bordeaux — il est excellent.

La grammaire à apprendre   CD2–7

Choisir l'article approprié

C. C'est ma vie. Annette nous parle de sa vie et de son environnement. Jouez le rôle d'Annette et répondez aux questions que vous allez entendre. Choisissez l'article qui convient dans chaque phrase.

MODÈLE: Vous lisez: Non,...
  Vous entendez: Aimez-vous la salade?
  Vous répondez: *Non, je n'aime pas la salade.*

1. Avez-vous des enfants?
   ***
   Non, je n'ai pas d'enfants.
2. Avez-vous un petit ami?
   ***
   Oui, j'ai un petit ami.
3. Possédez-vous des animaux domestiques?
   ***
   Non, je ne possède pas d'animaux domestiques.
4. Voudriez-vous acheter une voiture neuve?
   ***
   Oui, je voudrais acheter une voiture neuve.

5. Voudriez-vous acheter des vêtements élégants?
   ***
   Non, je ne voudrais pas acheter de vêtements élégants.

6. La voiture de votre amie est-elle à vendre?
   ***
   Oui, la voiture de mon amie est à vendre.

7. Aimez-vous les fruits pour le petit déjeuner?
   ***
   Oui, j'aime les fruits pour le petit déjeuner.

8. Est-ce que vous mangez des fruits tous les matins?
   ***
   Oui, je mange des fruits tous les matins.

9. Buvez-vous trop de café?
   ***
   Non, je ne bois pas trop de café.

10. Détestez-vous le vin et la bière?
    ***
    Oui, je déteste le vin et la bière.

11. Recevez-vous des amis ce soir?
    ***
    Non, je ne reçois pas d'amis ce soir.

12. Possédez-vous un téléviseur?
    ***
    Oui, je possède un téléviseur.

D. Au revoir. À la fin d'une soirée entre amis, tous les invités échangent quelques paroles avec leur hôtesse. L'hôtesse leur pose de petites questions pour savoir comment ils ont passé la soirée. Répondez à ces questions en utilisant les mots-clés ci-dessous.

MODÈLE: Vous lisez: Oui / beaucoup
       Vous entendez: Jacques, tu as bu du vin français?
       Vous répondez: ***Oui, j'ai bu beaucoup de vin français.***

1. Georges, tu as aimé la musique?
   ***
   Non, je n'ai pas du tout aimé la musique.

2. Marie, tu as mangé du fromage hollandais?
   ***
   Non, je déteste le fromage hollandais.

3. Et toi, Henri, tu as parlé avec les invités?
   ***
   Oui, j'ai un peu parlé avec les invités.

4. Marc, tu as rencontré une jolie fille?
   ***
   Non, je n'ai malheureusement pas rencontré de jolie fille.

5. Paul, combien de fois est-ce que tu es allé au buffet?
   ***
   Je suis allé au buffet trois fois.

6. Corinne, pourquoi est-ce que tu n'as pas bu de vin?
   ***
   Je n'ai pas bu de vin parce que je préfère la bière allemande.

7. Anna, tu as mangé des crudités?
   ***
   Non, je n'ai pas mangé de crudités.

8. Georges et Henri, est-ce que vous avez passé une bonne soirée?
   ***
   Oui, nous avons passé une bonne soirée.

Leçon 3 CD2–8

Conversation

A. Des questions. Écoutez la Conversation (manuel, **chapitre 2,** leçon 3), en prêtant attention aux expressions pour poser des questions et répondre.

[Conversation text appears on textbook page 71.]

Maintenant, répétez les phrases suivantes. Faites attention à la prononciation et à l'intonation de la phrase.

1. Et M. Fournier, où est-il?
   ***
2. Ah, il est parti en voyage d'affaires à Boston.
   ***
3. Oui, d'ailleurs comment va-t-elle?
   ***
4. Elle va bien.
   ***
5. Et ton frère, Christian, qu'est-ce qu'il devient?
   ***
6. Christian, euh… eh bien, il est professeur d'histoire, comme il le voulait.
   ***

La grammaire à apprendre CD2–9

Les pronoms, les adjectifs et les adverbes interrogatifs

B. Une soirée. Ce soir il va y avoir une soirée internationale offerte par les étudiants étrangers. Une amie vous donne tous les détails de la soirée, mais vous ne faites pas assez attention, et il faut lui poser des questions sur ce qu'elle vient de dire.

MODÈLE: Vous entendez: La soirée a lieu le vendredi 12 octobre.
           Vous demandez: *Quand est-ce que la soirée a lieu?*

1. Elle commence à 21h.
   ***
   À quelle heure est-ce qu'elle commence?
2. L'entrée est gratuite; ça ne coûte rien.
   ***
   Combien est-ce que l'entrée coûte?
3. Tous les étudiants sont invités à la soirée.
   ***
   Qui est-ce qui est invité à la soirée?
4. Martine vient avec son nouveau petit ami américain.
   ***
   Avec qui est-ce que Martine vient?
5. Sa sœur ne peut pas venir parce qu'elle a un examen le lendemain.
   ***
   Pourquoi est-ce que sa sœur ne peut pas venir?
6. Avant la soirée? Je vais finir mes devoirs.
   ***
   Qu'est-ce que tu vas faire avant la soirée?
7. Nous allons venir en voiture.
   ***
   Comment est-ce que vous allez venir?
8. Je bois du jus de fruit quand je sors.
   ***
   Qu'est-ce que tu bois quand tu sors?

C. La curiosité. Vous êtes très curieux(-euse) de nature et vous posez toujours beaucoup de questions. Demandez des détails sur Marie, votre nouvelle camarade de classe, en utilisant une forme de **lequel** ou de **quel**.

MODÈLE: Vous entendez: Elle aime parler de choses sérieuses.
 Vous demandez: *De quelles choses est-ce qu'elle aime parler?*
 Quand on répète votre question, vous insistez: *Oui, desquelles est-ce qu'elle aime parler?*

1. Marie va voir un film ce soir.
 ***
 Quel film est-ce qu'elle va voir?
 ***
 Oui, lequel est-ce qu'elle va voir?

2. Ensuite elle va manger au restaurant.
 ***
 À quel restaurant est-ce qu'elle va manger?
 ***
 Oui, auquel est-ce qu'elle va manger?

3. Elle adore les films étrangers.
 ***
 Quels films est-ce qu'elle adore?
 ***
 Oui, lesquels est-ce qu'elle adore?

4. Elle pense à des idées bizarres.
 ***
 À quelles idées est-ce qu'elle pense?
 ***
 Oui, auxquelles est-ce qu'elle pense?

5. Elle parle de sujets très intéressants.
 ***
 De quels sujets est-ce qu'elle parle?
 ***
 Desquels est-ce qu'elle parle?

Dictée   CD2-10

D. La publicité. Vous allez entendre un spot publicitaire à la radio dans lequel on vend des petits pois Félix Potard. Écrivez les phrases qui le composent. D'abord, écoutez le message en entier. Ensuite, chaque phrase sera lue deux fois. Enfin, le message entier sera répété pour que vous puissiez vérifier votre travail. Écoutez.

Faites-vous des projets pour le dîner de votre gourmet préféré? Alors, vous devez répondre à beaucoup de questions. Qu'est-ce que vous allez lui offrir comme apéritif? Qu'allez-vous présenter comme hors-d'œuvre? Que projetez-vous de préparer, de la viande ou du poisson? Et quel légume allez-vous servir avec le repas? Pourquoi pas des petits pois? Les petits pois Félix Potard sont toujours frais et de qualité supérieure. Avec les petits pois Félix Potard, vous invitez la nature à votre table!

Compréhension   CD2-11

Le Bec Fin

Dans ce chapitre, vous avez appris comment inviter, en particulier à déjeuner ou à dîner. Imaginez que vous voulez inviter votre ami(e) à dîner au restaurant Le Bec Fin. Écoutez le message du répondeur téléphonique de ce restaurant.

Ici, le restaurant Le Bec Fin. Bonjour. Nous sommes ouverts à la clientèle de midi à quatorze heures trente et de dix-neuf heures à vingt-deux heures. Nous prenons vos réservations à partir de neuf heures pour le midi et dix-huit heures pour le soir. Nous sommes fermés le samedi soir et le dimanche. En espérant vous voir bientôt. Merci beaucoup.

Maintenant, arrêtez le CD et faites les exercices dans votre *Cahier*.

Le restaurant Le Galion   CD2–12

Une semaine plus tard, vous pensez inviter un ami ou une amie à déjeuner au restaurant Le Galion. Écoutez la publicité.

> Situé sur le vieux port, face à l'hôtel de ville, Le Galion. Pour votre déjeuner, choisissez sa formule à 15 euros autour d'un plat, vin, dessert et café compris, ou encore parmi un grand choix de salades composées. Un service continu de douze heures à dix-neuf heures avec aussi l'après-midi son glacier/salon de thé. Le Galion — une adresse à retenir au 3, rue Félix-Faure, à Cannes.

Maintenant, arrêtez le CD et faites les exercices dans votre Cahier.

La plage Beau-Soleil   CD2–13

C'est le week-end et vous voulez aller à la plage avec votre ami(e). Certaines plages sur la Côte d'Azur ont un petit restaurant pour les clients qui ne veulent pas quitter la plage pour manger. Vous décidez d'aller à la plage Beau-Soleil parce qu'on y sert de bons repas. Écoutez la publicité.

> Allongé sur mon transat, à l'ombre d'un parasol, un verre à la main. Ah! La plage Beau-Soleil — je me laisse vivre! Dès que j'ai une petite faim, je suis comblé. Je n'ai qu'à choisir entre un grand choix de salades, un menu à 18 euros et leur spécialité: les viandes grillées… et le reste. La plage Beau-Soleil — c'est si bon!
> La plage Beau-Soleil sur la Croisette. Téléphone 05.93.94.25.43.

Maintenant, arrêtez le CD et faites les exercices dans votre Cahier.

Le bal des pompiers   CD2–14

Aimez-vous danser? Peut-être que vous voulez inviter votre ami(e) à aller danser à un des bals traditionnels qui ont lieu chaque année en France à l'occasion de la fête nationale, le 14 juillet. Écoutez un reportage radiophonique du 14 juillet. Ce reportage donne une description d'un de ces bals, le bal des pompiers, et les opinions de quelques personnes qui s'y rendent.

> — Cette année les pétards sont mouillés et les danseurs des petits bals du 14 juillet complètement trempés. Il fallait, en fait, du courage hier soir pour danser. Certains n'en ont pas manqué mais à Paris le bal n'était pas aussi drôle que les années précédentes. Espérons que le temps sera plus clément aujourd'hui, car ce soir la fête continue. Comme tous les ans, on peut se rendre au traditionnel bal des pompiers comme l'a fait hier soir Jérôme Le Clerc. Il y a rencontré les habitués et ceux que les caprices de la météo n'ont pas découragés.
> — Moi, personnellement, c'est la première fois que j'y viens.
> — Tous les ans je viens ici, malgré le temps qu'il fait aujourd'hui. C'est la fête nationale, ah, bien sûr.
> — Alors ça vous plaît comme ambiance?
> — Ah, oui, bien sûr, c'est très gai.
> — C'est pas un peu vieux?
> — Vieux? Non, c'est très jeune.
> — C'est pour entendre de la musique. Comme je ne veux pas aller dans les discothèques quelquefois, c'est plus sympa. Puis ça favorise le contact.
> — Ça fait soixante ans que j'habite le quartier. Alors j'y viens tous les ans au 14 juillet. Ici c'est sympa.
> — Quand vous étiez plus jeune, ça vous arrivait quand même de venir au bal des sapeurs-pompiers? On peut faire des rencontres?
> — Oui, j'y ai rencontré ma femme, hein?
> — Ah, vous vous êtes rencontrés dans un quatorze juillet?
> — Oui, on ne s'est jamais quitté après!
> — On y vient danser?
> — Oui, toute ma jeunesse, j'ai dansé, moi alors. J'ai fait tous les bals de Paris et de banlieue.
> — Le bal des pompiers c'est véritablement une tradition du 14 juillet. Ceux qui viennent oublient sans doute qu'ils sont là pour commémorer la prise de la Bastille, il y a deux cent huit ans.

On est loin, bien sûr aujourd'hui, du sentiment patriotique qui devait animer les premières fêtes du 14 juillet. Très vite le bal popu est surtout devenu symbole d'unité et de fraternité.

Ce soir, de magnifiques feux d'artifice à tirer pour les gens au Trocadéro à Paris. Il suivra un spectacle son et lumière offert par la mairie de Paris, mais meilleurs que les feux d'artifice, c'est les petits bals. Il y en aura bien sûr partout en France.

Maintenant, arrêtez le CD et faites les exercices dans votre Cahier.

Chapitre 3 Qui suis-je?

Phonétique   CD2–15

Les sons [ɔ] et [o]

En général, on trouve le son [ɔ] dans une syllabe suivie d'une consonne: par exemple, porte. Il se rapproche du son dans le mot anglais *caught,* mais il est plus court et plus tendu en français. Le son [ɔ] s'écrit o. Écoutez et répétez les mots suivants:

gosse	porter	magnétoscope	votre	Europe
***	***	***	***	***
divorcé	pilote	mignonne	bonne	coton
***	***	***	***	***
snob	propre	prochain	il se brosse	
***	***	***	***	

A. Pratiquez maintenant le son [ɔ] en répétant les phrases suivantes.

1. Le pilote snob veut son propre magnétoscope.
   ***
2. La mode offre des tonnes de robes.
   ***
3. Votre gosse mignonne a ouvert la porte.
   ***

On trouve le son [o] dans une syllabe ouverte à la fin d'un mot: par exemple, beau; et dans une syllabe suivie du son [z]: par exemple, rose. Il est quelque peu semblable au son dans le mot anglais *rose* mais plus bref et plus tendu. Il s'écrit: **o, ô, au** ou **eau.** Écoutez, puis répétez les mots suivants:

jumeau	hôtel	le vôtre	la nôtre	mauvais
***	***	***	***	***
tôt	trop	chose	drôle	chauve
***	***	***	***	***
faux	pauvre	hausser		
***	***	***		

B. Écoutez et répétez les phrases suivantes.

1. Nos photos de l'hôtel et de l'opéra étaient mauvaises.
   ***
2. Les jumeaux font aussi trop de choses.
   ***
3. Claude a un drôle de vélo.
   ***

Le [ə] muet (suite)   CD2–16

Quand le son [ə] muet apparaît deux fois ou plus dans des syllabes successives et que ces [ə] muets ne sont séparés que par une seule consonne, on prononce le premier [ə] mais pas le second.

C. Écoutez et répétez:

1. Je ne dors pas bien.
   ***
2. Ce ne sera rien.
   ***
3. Il ne le connaît pas?
   ***
4. Je le ferai pour toi.
   ***
5. Elle se le préparera.
   ***
6. Je te le montrerai un jour.
   ***
7. Elle me le donne.
   ***
8. Ne le prends pas.
   ***
9. Si tu me le demandes.
   ***
10. Ce ne sont pas mes amis.
    ***

D. Le [ə] muet a tendance à tomber en français en langage familier et rapide. Écoutez et répétez les phrases des deux colonnes suivantes. Notez les différences de prononciation.

Langage soigné	*Langage familier*
Je pense.	Je pense.
***	***
Je ne pense pas.	Je ne pense pas.
***	***
Je bois.	Je bois.
***	***
Je ne bois pas.	Je ne bois pas.
***	***
Ce n'est pas vrai.	Ce n'est pas vrai.
***	***
Je n'ai pas le numéro.	Je n'ai pas le numéro.
***	***

E. La négation peut même tomber tout à fait dans un langage de style très relâché. Écoutez et répétez:

C'est pas vrai.	J'bois pas.
***	***
J'pense pas.	J'ai pas l'numéro.
***	***

Leçon 1 CD2–17

Conversation

A. Pour converser. Maintenant, écoutez la Conversation (manuel, **chapitre 3,** leçon 1) en prêtant attention aux expressions pour engager, continuer et terminer une conversation.

[Conversation text appears on textbook page 93.]

B. L'intonation des phrases. Écoutez et répétez les phrases que vous entendrez. Imitez l'intonation de la phrase.

1. C'est une amie qui a pris les photos.
   ***
2. Elle est à toi cette jeep?
   ***
3. Oui, elle est à moi.
   ***
4. Enfin, elle est à nous.
   ***
5. C'est ta femme?
   ***
6. Oui, c'est elle.
   ***
7. Qu'est-ce qu'il y a là?
   ***
8. Ça, c'est un petit bracelet d'identité.
   ***

C. Une réponse appropriée. Écoutez chaque phrase et choisissez entre les deux expressions données la réponse appropriée. Dites-la à haute voix.

1. C'est quel type d'ordinateur?
   ***
   C'est un IBM.
2. Qui est-ce, là-bas?
   ***
   C'est le nouvel employé.
3. Que fait ton beau-père?
   ***
   Il est biologiste.
4. À qui est ce sac à dos?
   ***
   C'est à moi.
5. Qu'est-ce que c'est?
   ***
   C'est un petit appareil photo.

La grammaire à apprendre CD2–18

C'est et *il/elle est*

D. À votre avis. Écoutez les phrases suivantes et regardez les dessins qui correspondent. Vous devrez indiquer VRAI ou FAUX pour chaque description. Répétez les phrases correctes et corrigez celles qui ne le sont pas.

MODÈLE: Vous entendez: C'est une voiture américaine. Elle est petite.
Vous encerclez: FAUX
Vous dites: *C'est faux. C'est une voiture américaine, mais elle est grande.*

1. C'est un chat. Il est noir.
   ***
   C'est vrai. C'est un chat et il est noir.
2. Ce sont des jeunes filles. Elles sont deux.
   ***
   C'est faux. Ce sont des jeunes filles, mais elles sont trois.
3. C'est Paul. Il est photographe.
   ***
   C'est vrai. C'est Paul et il est photographe.
4. C'est un appareil photo. Il coûte 400 euros.
   ***
   C'est faux. C'est un appareil photo, mais il coûte 300 euros.
5. C'est une petite fille. C'est Caroline.
   ***
   C'est faux. C'est une petite fille, mais c'est Isabelle.

E. Les descriptions. Antoine répond aux questions de son nouveau camarade de chambre. Interprétez le rôle d'Antoine et donnez ses réponses.

MODÈLE: Vous lisez: gros et lourd
Vous entendez: Comment est ton chien?
Vous répondez: *Il est gros et lourd.*

1. Quel est ton nom de famille?
   ***
   C'est Dardun.
2. Quelle sorte de voiture est-ce que tu as?
   ***
   C'est une voiture française.
3. Que fait ton père?
   ***
   Il est pilote.
4. Comment sont tes amis?
   ***
   Ce sont de bons amis.
5. Comment est ton frère?
   ***
   C'est un célibataire endurci.
6. Et la maison de ta famille?
   ***
   Elle est petite mais agréable.
7. Et tes cours?
   ***
   Ils sont ennuyeux.
8. Et le quartier?
   ***
   C'est une banlieue tranquille.

Les pronoms possessifs CD2-19

F. Bric-à-brac. Mme Lafarge est concierge à Paris. Elle aime rendre service aux locataires de son immeuble et garde souvent les choses les plus variées pour eux dans une petite pièce derrière sa loge. Écoutez ce dialogue attentivement et indiquez avec un tiret à qui appartient chaque objet. Puis répondez pour Mme Lafarge aux questions posées par Corinne. Suivez le modèle.

CORINNE: Vous avez ici un véritable trésor, Mme Lafarge. Vous souvenez-vous encore à qui appartiennent toutes ces choses? Ce drôle de parapluie par exemple?

MME LAFARGE: Mais oui, Corinne. Il appartient à Mme Leduc, la voisine d'en-haut. Et ces vieilles cartes postales, ce sont les siennes aussi. Regarde cette boîte! Elle est à l'instituteur du premier étage. Je l'ai depuis deux ans, et je ne sais toujours pas ce qu'il y a à l'intérieur. Attends, j'ai encore beaucoup d'autres choses intéressantes à te montrer: voici la vieille chaîne stéréo des enfants Chevalier, notre valise pour les vacances, ton vélo et même mon chien!

MODÈLE: Vous entendez: Est-ce que ce parapluie appartient à Mme Leduc?
Vous voyez: un tiret entre Mme Leduc et le parapluie
Vous répondez: *Oui, c'est son parapluie. C'est le sien.*

1. Est-ce que cette boîte appartient à l'instituteur?
   ***
   Oui. C'est sa boîte. C'est la sienne.

2. Les cartes postales appartiennent aux enfants Chevalier, n'est-ce pas?
   ***
   Non. Ce ne sont pas leurs cartes postales. Ce ne sont pas les leurs.

3. Mais le chien, est-ce qu'il vous appartient?
   ***
   Oui. C'est mon chien. C'est le mien.

4. Et la chaîne stéréo, appartient-elle à l'instituteur?
   ***
   Non. Ce n'est pas sa chaîne stéréo. Ce n'est pas la sienne.

5. Est-ce que la valise appartient à votre mari et à vous?
   ***
   Oui. C'est notre valise. C'est la nôtre.

6. Le vélo m'appartient, n'est-ce pas?
   ***
   Oui. C'est ton vélo. C'est le tien.

Leçon 2 CD3–2

Conversation

A. La description. Maintenant, écoutez la Conversation (manuel, **chapitre 3**, leçon 2) en prêtant attention aux expressions pour décrire les objets et les personnes.

[Conversation text appears on textbook page 104.]

B. L'intonation des phrases. Écoutez et répétez les phrases que vous entendrez. Imitez l'intonation de la phrase.

1. Elle a un très beau sourire!
   ***
2. Elle est vraiment mignonne… cheveux ondulés, yeux bleus!
   ***
3. Et toujours de bonne humeur.
   ***
4. C'est super.
   ***

C. Une réponse appropriée. Écoutez chaque phrase et barrez les descriptions qui ne sont pas correctes. Puis répondez à la question avec la description qui reste.

MODÈLE: Vous lisez: avoir les yeux marron / avoir les yeux bleus / avoir les yeux verts
 Vous entendez: Thomas n'a ni les yeux bleus ni les yeux marron.
 Vous barrez: ~~avoir les yeux marron / avoir les yeux bleus~~
 Vous entendez: Comment sont les yeux de Thomas?
 Vous dites: ***Il a les yeux verts.***

1. Francine n'a ni les cheveux raides ni les cheveux ondulés.
   ***
   Comment sont les cheveux de Francine?
   ***
   Elle a les cheveux frisés.

2. Christophe n'est ni grand ni de petite taille.
   ***
   Comment est Christophe?
   ***
   Il est de taille moyenne.

3. La boîte n'est ni lourde ni large.
   ***
   Comment est la boîte?
   ***
   Elle est étroite et légère.

4. Cet objet n'est ni rond ni carré.
   ***
   Comment est-il?
   ***
   Il est pointu.

5. Paul n'est ni marrant ni timide.
   ***
   Quel genre d'homme est-ce?
   ***
   Il est sympa.

La grammaire à apprendre

L'adjectif qualificatif

D. Comparaisons. Depuis leur excursion au stade, Marc et Pascal sont devenus de bons amis. Marc a une sœur aînée et Pascal a un frère plus âgé que lui. Ils aimeraient bien qu'ils se rencontrent et essaient de leur trouver des points communs. Aidez-les à comparer leurs attributs en donnant la forme féminine des deux adjectifs que vous entendez.

MODÈLE: Vous entendez: Mon frère est grand et brun.
Vous répondez: *Ma sœur est grande et brune aussi.*

1. Mon frère est gentil et sympathique.
   ***
   Ma sœur est gentille et sympathique aussi.

2. Mon frère est prudent et sérieux.
   ***
   Ma sœur est prudente et sérieuse aussi.

3. Mon frère est courageux et intelligent.
   ***
   Ma sœur est courageuse et intelligente aussi.

4. Mon frère est discret et doux.
   ***
   Ma sœur est discrète et douce aussi.

5. Mon frère est chic et beau.
   ***
   Ma sœur est chic et belle aussi.

6. Mon frère est travailleur et bon étudiant.
   ***
   Ma sœur est travailleuse et bonne étudiante aussi.

7. Mon frère est sportif et musicien.
   ***
   Ma sœur est sportive et musicienne aussi.

8. Mon frère est raisonnable et heureux.
   ***
   Ma sœur est raisonnable et heureuse aussi.

La position des adjectifs

E. La conversation continue. Les deux copains complètent leur portrait, chacun à son tour. D'abord, vous jouez le rôle de Marc et répondez aux questions de Pascal en ajoutant les adjectifs ci-dessous. Faites attention à la place des adjectifs et faites tous les changements nécessaires. Ensuite, jouez le rôle de Pascal et répondez aux questions de Marc.

MODÈLE: Vous lisez: vieux, américain
Vous entendez: Est-ce que ta sœur possède beaucoup de disques?
Vous répondez: *Oui, elle possède beaucoup de vieux disques américains.*

1. Quelle sorte de vêtements est-ce qu'elle achète?
   ***
   Elle achète de jolis vêtements bon marché.

2. Est-ce qu'elle porte des jeans quelquefois?
   ***
   Oui, elle porte de vieux jeans délavés quelquefois.

3. Comment sont les amis avec qui elle sort?
   ***
   Elle sort avec des amis sympathiques et respectables.

4. Est-ce qu'elle aime les restaurants?
   ***
   Oui, elle aime les nouveaux restaurants chic.

5. A-t-elle une voiture?
   ***
   Oui, elle a une belle, vieille voiture jaune citron.

Maintenant, jouez le rôle de Pascal et répondez aux questions de Marc.

6. Est-ce que ton frère a acheté une moto?
   ***
   Oui, il a acheté une nouvelle moto japonaise.
7. Quel genre de livres lit-il?
   ***
   Il lit des livres sérieux et intéressants.
8. Est-ce qu'il lit des romans?
   ***
   Oui, il lit de longs romans policiers.
9. Il écoute souvent de la musique?
   ***
   Oui, il écoute souvent de la musique classique contemporaine.
10. Est-ce qu'il aime voir des films?
    ***
    Oui, il aime voir de bons films étrangers.

Leçon 3   CD3–5

Conversation

A. La routine et la famille. Maintenant, écoutez la Conversation (manuel, **chapitre 3,** leçon 3) en prêtant attention aux expressions pour décrire la routine quotidienne et les rapports de famille.

[Conversation text appears on textbook page 113.]

B. L'intonation des phrases. Écoutez et répétez les phrases que vous entendrez. Imitez l'intonation de la phrase.

1. Est-ce que tu taquines ta femme?
   ***
2. On a des rapports très détendus.
   ***
3. Nous sommes de très bons amis.
   ***
4. Nous nous disputons rarement.
   ***
5. Je suis un ange de patience!
   ***

C. Des synonymes. Quelle expression veut dire à peu près la même chose que celle que vous entendez? Dites-la à haute voix.

1. Nous nous comprenons bien.
   ***
   On s'entend bien.
2. Nous nous disputons souvent.
   ***
   On s'entend mal.
3. On ne peut pas se parler.
   ***
   Il y a un manque de communication.
4. Nous avons rompu le mois dernier.
   ***
   On ne se voit plus.
5. Nous sortons chaque week-end ensemble.
   ***
   On se fréquente.

La grammaire à apprendre   CD3–6

Les verbes pronominaux

D. La garde-bébé. Marie-Françoise a engagé quelqu'un pour l'aider à s'occuper de son bébé, car elle travaille pendant la journée. Avant de commencer son travail, la garde-bébé pose des questions à Marie-Françoise. Reconstituez les réponses de Marie-Françoise avec les mots qui vous sont donnés.

MODÈLE: Vous lisez: huit heures et demie
Vous entendez: À quelle heure vous réveillez-vous le matin?
Vous répondez: *Je me réveille à huit heures et demie.*

1. À quelle heure est-ce que vous vous attendez à rentrer le soir?
   ***
   Je m'attends à rentrer à six heures le soir.
2. Allez-vous vous occuper du petit déjeuner vous-même?
   ***
   Non, vous allez vous occuper du petit déjeuner.
3. À quelle heure est-ce que le bébé se couche l'après-midi?
   ***
   Le bébé se couche à deux heures l'après-midi.
4. Comment est-ce que le bébé se conduit avec les personnes qu'il ne connaît pas?
   ***
   D'habitude, le bébé se conduit bien avec les personnes qu'il ne connaît pas.
5. Vous vous servez de couches-culottes pour le bébé?
   ***
   Oui, nous nous servons de couches-culottes pour le bébé.
6. Est-ce que le bébé va s'arrêter de pleurer?
   ***
   Oui, le bébé va s'arrêter de pleurer bientôt.
7. Vous fâcheriez-vous si je fumais dans votre maison?
   ***
   Oui, je me fâcherais sûrement si vous fumiez dans ma maison.
8. Quand est-ce que je pourrais me mettre au travail?
   ***
   Vous pourriez vous mettre au travail demain.

E. L'éducation. Les parents du petit Jean essaient de trouver la meilleure façon d'élever leur fils de six ans. Que diriez-vous si vous étiez à leur place? Réagissez à ce que vous entendez et donnez des ordres à Jean en utilisant la forme affirmative ou négative, selon le cas.

MODÈLE: Vous entendez: Jean se lève tous les jours à cinq heures du matin.
Vous répondez: *Jean, ne te lève pas tous les jours à cinq heures du matin!*

1. Jean ne s'habille pas tout seul le matin.
   ***
   Jean, habille-toi tout seul le matin!
2. Jean se plaint toujours.
   ***
   Jean, ne te plains pas toujours.
3. Jean va toujours en retard à l'école.
   ***
   Jean, ne va pas toujours en retard à l'école.
4. Jean ne se tait jamais en mangeant.
   ***
   Jean, tais-toi en mangeant!
5. Jean se sert toujours du vélo de sa sœur.
   ***
   Jean, ne te sers pas toujours du vélo de ta sœur!
6. Jean ne se lave pas souvent les mains.
   ***
   Jean, lave-toi souvent les mains!

Dictée CD3–7

F. Les petites annonces. Vous allez entendre une petite annonce matrimoniale. Écoutez-la attentivement et mettez-en les phrases par écrit. D'abord, vous entendrez l'annonce en entier. Ensuite, chaque phrase sera lue deux fois. Enfin, toute l'annonce sera répétée pour que vous puissiez vérifier votre travail. Écoutez.

Je suis jolie, jeune, indépendante et sportive et je recherche un beau médecin célibataire en vue de mariage. Je suis divorcée avec deux enfants bien élevés. Blonde à cheveux longs, j'ai aussi les yeux bleus et je suis mince et plutôt grande. J'ai la trentaine mais je ne fais pas mon âge. Sympa et affectueuse, j'aime les hommes qui ont le sens de l'humour. Je préfère les rapports faciles et sans problèmes et, en général, je m'entends bien avec tout le monde. Si nous nous comprenons, répondez-moi!

Compréhension   CD3–8
Mes très chers parents

G. **Comprenez-moi.** Voici le contenu de la lettre que Lucie adresse à ses parents pour les convaincre de la laisser épouser un jeune homme qu'elle connaît seulement depuis deux mois. Le père lit la lettre à sa femme. Essayez d'en comprendre les détails pour pouvoir répondre aux questions qui suivent. Vous pouvez écouter la lettre deux fois si nécessaire.

Mes très chers parents,

C'est une lettre très sérieuse que je vous envoie aujourd'hui. Je me rends compte que j'ai dix-neuf ans et que je ne peux plus m'amuser comme une enfant. Il faut que je m'intéresse à l'avenir et cela m'inquiète beaucoup.

Mon nouveau travail à Paris est assez monotone: je m'occupe de la comptabilité de mon entreprise sur un ordinateur. Ma routine m'ennuie; il faut toujours se lever, se coucher, s'habiller, se déshabiller, se rendre à son travail. Je peux me reposer et faire la grasse matinée seulement le week-end.

Pour me distraire, je fais de la gymnastique et je lis des journaux étrangers. Il y a deux mois, j'ai rencontré un garçon. Ma collègue de travail m'avait invitée à prendre un verre dans un café. Elle est arrivée avec son frère jumeau et me l'a présenté. Nous avons eu le coup de foudre, et maintenant nous ne pouvons plus nous passer l'un de l'autre. C'est un étudiant en médecine. Il s'appelle Olivier et il a vingt-cinq ans. Il est de taille moyenne avec les cheveux et les yeux bruns et il est exceptionnellement gentil.

Nous nous entendons parfaitement et nous voudrions nous marier le plus tôt possible. L'hôpital est situé près de mon appartement et nous pourrions y habiter ensemble après le mariage. Qu'en dites-vous? S'il vous plaît, ne dites pas que je suis folle mais comprenez-moi. Olivier est la seule personne qui puisse m'apporter le bonheur,

Bien affectueusement,
Lucie

Les jeunes lycéens   CD3–9

Un groupe d'élèves de seize à dix-sept ans répond à une enquête réalisée dans un lycée près de Paris. La première question concerne l'indépendance.

«Qu'est-ce que vous pensez de l'indépendance des jeunes, en général, et quelle est la liberté que vos parents vous laissent?»

— Libre. Moi, je suis entièrement libre.
— Oui, c'est comme moi. Je fais ce que je veux. C'est-à-dire que si je veux aller à un concert, j'y vais, quand il y a encore des places évidemment. Je suis libre de faire ce que je veux. Je peux aller passer un week-end chez des amis; mes parents ne m'empêchent pas.
— Moi, c'est pareil sauf des fois, euh, quand ma mère voit que je sors trop, oui.
— Bien moi, je peux aller n'importe où à condition que ma mère sache à peu près où je suis.
— Comme je suis un garçon, j'ai encore plus de facilités que toi. Ça, c'est vrai.
— Oui, parce que moi, j'ai des parents immigrés et, moi, j'ai aucune liberté. Il faut que je me batte. Euh, oui, je sais qu'il faut que je me batte pour avoir ma liberté mais je l'ai. Je veux dire que je peux sortir mais il faut, bien sûr, que je prévienne un mois avant.
— Et si tu leur laisses un numéro de téléphone?
— Mais même, ça suffit pas. Ils sont très méfiants.
— Il y a une chose, moi, que mes parents me demandent. Enfin, ma mère m'interdit de rentrer seule le soir, quand il fait nuit, parce que j'habite dans un quartier plutôt mal fréquenté, moi.
— Non, mais c'est vrai qu'on n'est pas en sécurité, donc, moi, c'est pareil. Mes parents me disent: «Tu nous laisses le numéro de téléphone des gens chez qui tu vas.»
— Oui, voilà. Ou alors quand je vais à un concert, mon père m'emmène et vient me rechercher. Ou alors si on est à plusieurs, vraiment, là, les parents ont confiance.
— Oui.

Maintenant, arrêtez le CD et faites l'exercice H dans votre *Cahier*.

Maintenant, l'enquêteur demande aux jeunes de parler de leur argent de poche. Écoutez ce qu'ils disent.

«Combien d'argent de poche vos parents vous donnent-ils?»
— Oh, jamais assez.
— Moi, je ne sais pas, moi. Mes parents me donnent de l'argent de poche pour tout le mois. C'est moi qui m'achète mes vêtements, et le reste d'ailleurs… les livres de classe, les…
— Mais combien t'as?
— 75 euros.
— Moi aussi, j'ai 75 euros. Je me paie mes transports. Et si je vais au cinéma ou au théâtre toute seule, c'est moi qui paie pour ces activités, quoi, en quelque sorte. Mais enfin, disons, je m'arrange pour avoir plus d'argent. Je remonte à pied ou je fais du stop. Comme ça j'ai de l'argent pour moi, pour mes loisirs.

Maintenant, arrêtez le CD et faites l'exercice I dans votre *Cahier*.

Interview avec Annie Martin CD3–10

Dans les conversations de ce chapitre, vous avez fait la connaissance de Philippe et de sa famille. Maintenant, c'est une jeune mère célibataire, Annie Martin, qui se décrit. Écoutez ce qu'elle dit.

Alors, bonjour. Mon nom est Annie Martin. Je suis de nationalité française. J'habite à Paris dans le vingtième arrondissement. C'est un quartier pas très riche mais très sympathique. Et alors ma profession, effectivement, théoriquement, je suis médecin. Mais, en fait, je suis actuellement employée dans un hôpital pour m'occuper de l'informatique. Parce que j'ai une spécialité en informatique. J'ai fait de l'informatique après ma médecine. Et cet hôpital est un hôpital tout neuf qui vient d'ouvrir au mois de mai. Dans cet hôpital on a installé un gros ordinateur IBM avec un logiciel qui s'appelle PCS, «special care system», hein, qui vient directement des USA, et il a fallu le traduire et l'adapter au système français. Et on a beaucoup de problèmes. C'est normal…

Maintenant, arrêtez le CD et faites l'exercice J dans votre *Cahier*.

Maintenant, Annie vous parle d'une période de sa vie qui n'a pas été très heureuse.

Je me suis installée, pendant un an, en tant que médecin généraliste, mais ça n'a pas marché, parce qu'on a des difficultés en France. Il y a trop de médecins généralistes. Et puis, je suis divorcée avec un enfant et ça m'a posé énormément de problèmes au niveau de la disponibilité pour les patients. Parce que j'emmenais mon enfant à l'école à huit heures et demie le matin, et c'est à cette heure-là que les gens appellent. Heureusement, j'ai une ex-belle-mère qui s'occupe bien de mon fils pendant les vacances, ou le mercredi, puisqu'il ne va pas à l'école. Parce que, sinon, je serais obligée de le laisser à la garderie. C'est un problème…

Maintenant, arrêtez le CD et faites l'exercice K dans votre *Cahier*.

Enfin, Annie vous parle de son travail et de sa vie d'aujourd'hui.

Alors, moi, je ne suis pas stressée par le travail que je fais, parce que j'aime ça et puis parce que je travaille. Parce que j'ai été quand même un an sans travail. Et le chômage, je peux vous dire, c'est une crise bien grave en France. Et ça, ça me stressait beaucoup plus que le travail. Donc moi, le stress, effectivement, je n'en ai pas. Je n'en ai pas parce que j'ai trouvé un appartement où je me plais bien, parce que je peux payer, je suis contente! Et puis, je suis dans un hôpital avec une équipe de gens très sympa. C'est vrai qu'on n'arrête pas de travailler, euh, j'arrive à neuf heures, je repars à six heures, mais euh, c'est sympa. Je ne suis pas stressée. Au contraire, je suis en pleine forme. Jamais de ma vie je n'ai d'ailleurs été aussi en forme, parce que j'ai trouvé mon équilibre dans le travail et peut-être aussi mon équilibre dans ma vie privée. Et je crois que c'est, en fait, les deux qui comptent. Alors, se plonger dans le travail pour oublier ses problèmes personnels, ça c'est vrai que ça doit stresser, je pense. Et je crois qu'il y a beaucoup de gens, que ce soit en France, en Europe, aux Etats-Unis qui font ça sans s'en rendre compte. Mais je crois qu'il y a un équilibre à respecter entre, en fait, ce que j'appelle, moi, la réflexion intellectuelle, le spirituel et l'émotionnel. Il faut avoir l'équilibre dans les trois, sinon, ça tombe dans le déséquilibre. Voilà.

Maintenant, arrêtez le CD et faites l'exercice L dans votre *Cahier*.

Chapitre 4 On ne croira jamais ce qui m'est arrivé...

Phonétique   CD3–11

Les sons vocaliques [e] et [ɛ]

Pour prononcer la voyelle française [e], souriez en gardant vos lèvres tendues. Le son [e] rappelle le son dans le mot anglais *bait* mais plus bref et plus tendu. Il s'écrit **é, ez, et, er** ou **ai**. Écoutez et répétez ces mots:

et	chez	téléphoner
***	***	***
découragé	Désiré	volé
***	***	***

A. Pratiquez maintenant la prononciation de [e] avec des phrases complètes. Répétez.

1. Didier est allé téléphoner.
   ***
2. Mélanie et Cécile n'ont pas regardé la télé.
   ***
3. Écoutez, l'étranger est arrivé à Bagnolet en mai.
   ***

Il faut ouvrir la bouche un peu plus grand pour prononcer le [ɛ] français. Ce son vocalique est un peu plus tendu que le **e** dans le mot anglais *net*. Il s'écrit **è, ê, e, ei** ou **ai** dans une syllabe fermée. (Ajoutez à cela le mot **est**.) Écoutez et répétez:

fidèle	être	permettre	Lisette
***	***	***	***
verveine	Maine	elle	
***	***	***	

B. Faites le même exercice avec les phrases qui suivent.

1. La fidèle Lisette aime la verveine fraîche.
   ***
2. Elle n'accepte pas qu'on peine sa belle-mère.
   ***
3. Sept frères permettent de faire une sélection prospère.
   ***

C. Écoutez maintenant les sons [e] et [ɛ] dans le paragraphe suivant. Ensuite, lisez ce passage à haute voix.

Mon frère Dédé est allé à la mer l'année dernière. Son rêve était de rester près de l'eau, de regarder et d'écouter les oiseaux. Il s'est réalisé cet été-là. En fait, mon frère espère désormais passer le reste de ses étés loin des problèmes des grandes cités. Ce n'est pas la peine de travailler sans arrêt, dit-il. Même les ouvriers devraient mettre leurs rêves en premier.
***

Les sons [y] et [u]   CD3–12

Pour prononcer le [y] français (qui n'a pas d'équivalent en anglais), il faut d'abord sourire en étirant les lèvres, comme pour prononcer [i]. Arrondissez alors immédiatement les lèvres. Le [y] français s'écrit **u** et **û**. Écoutez et répétez soigneusement les mots suivants:

du	salut	étudier	curiosité
***	***	***	***
naturel	sûr	Lucie	
***	***	***	

D. Maintenant, écoutez et répétez le même son dans les phrases suivantes.

1. Gertrude a naturellement dû étudier.
   ***
2. Salut! Tu as entendu la superbe musique?
   ***

3. Naturellement, les adultes punissent les enfants têtus.
***

Le son vocalique [u] est semblable au son dans le mot anglais *soup,* mais il est plus bref et plus tendu. Il s'écrit **ou, où** et quelquefois aussi **oû.** Ce son est suivi par une consonne ou il termine le mot. (Quand **ou** est suivi d'une voyelle, il se prononce [w]: par exemple, **oui.**) Écoutez et répétez les mots qui suivent:

nous	où	goût	Jean-Loup
***	***	***	***
Toulouse	trouver	nouveau	
***	***	***	

E. Écoutez et répétez les phrases suivantes.

1. Jean-Loup a trouvé un nouveau boulot à Toulouse.
***
2. Vous souvenez-vous avoir souvent joué aux boules?
***
3. Minou a oublié de se nourrir aujourd'hui et boude sous le tabouret.
***

F. Écoutez maintenant le paragraphe suivant. Ensuite, répétez-le à haute voix.

En août, les touristes vont presque tous dans le sud. La Côte d'Azur s'ouvre comme un ultime refuge pour vous soulager de la routine journalière. Pourquoi une telle unanimité? La cuisine y est sublime; goûtez la soupe au pistou à Fréjus ou la bouillabaisse à Toulon. Et bien sûr, la plage est toujours super!

Maintenant, répétez ce passage à haute voix.
***

Leçon 1 CD3–13

Conversation

En français, il y a plusieurs façons de demander à quelqu'un de raconter ses souvenirs. Il existe également beaucoup d'expressions pour dire qu'on se souvient ou qu'on ne se souvient pas de quelque chose. Écoutez la Conversation (manuel, **chapitre 4,** leçon 1) en prêtant attention à ces expressions.

[Conversation text appears on textbook page 135.]

A. L'intonation des phrases. Maintenant, écoutez et répétez les phrases suivantes. Imitez l'intonation de la phrase en répétant les expressions qu'on utilise pour parler des souvenirs.

1. Qu'est-ce qui vous est arrivé?
***
2. Tu te souviens, Marc?
***
3. Tu te rappelles?
***
4. Oui, je ne l'oublierai jamais.
***
5. Ah, bon? Je ne me souviens pas de ça, moi, c'est marrant! C'était quand?
***
6. Je ne sais plus, mais pendant la nuit, je crois.
***
7. On l'a cherchée partout, tu ne te rappelles pas?
***
8. Ah, si, si! Je me souviens maintenant! Quelle horreur!
***

B. La bonne réponse. Écoutez les mini-conversations, et dites s'il s'agit d'un bon souvenir ou d'un mauvais souvenir.

1. — Il paraît qu'une fois tu as eu un petit accident de voiture.
— Un petit accident, tu parles! J'ai failli me tuer!

2. — Tu te rappelles l'année où nous sommes allés en Bretagne?
   — Je n'oublierai jamais… C'était la dernière fois que toute la famille était réunie…
   [ton nostalgique]

3. — Je me souviens très bien de l'époque où j'étais adolescente.
   — Ah, bon?
   — Oui, quelle horreur! Je me disputais constamment avec ma pauvre mère!

4. — Je ne me souviens pas très bien de Claire Marchand. Et toi?
   — Si, si. Elle habitait en face de chez nous, et nous jouions souvent ensemble. Elle était si mignonne!

La grammaire à apprendre   CD3–14
Le passé composé

C. J'ai séché mes cours. Maude a manqué l'école hier: elle voulait faire toutes les choses qu'elle dit n'avoir jamais le temps de faire d'habitude. Décrivez les activités de Maude en regardant les dessins ci-dessous et en répondant avec le passé composé aux questions que vous entendez.

MODÈLE: Vous entendez: Est-ce que Maude s'est levée à huit heures hier?
Vous répondez: *Non, Maude s'est levée à midi.*

1. Est-ce que Maude a reçu un coup de téléphone?
   ***
   Oui, Maude a reçu un coup de téléphone.
2. Est-ce que Maude a fait la vaisselle?
   ***
   Non, Maude a fait le plein d'essence.
3. Est-ce que Maude s'est promenée dans le parc?
   ***
   Oui, Maude s'est promenée dans le parc.
4. Est-ce que Maude a pris un bon déjeuner?
   ***
   Oui, Maude a pris un bon déjeuner.
5. Est-ce que Maude a lu un livre?
   ***
   Non, Maude a écrit une lettre.
6. Est-ce que Maude est allée au supermarché?
   ***
   Non, Maude est allée au cinéma.
7. Est-ce que Maude a vu un de ses amis au cinéma?
   ***
   Oui, Maude a vu un de ses amis au cinéma.

D. Pardon, Maman! La mère de Maude vient d'apprendre que sa fille a séché ses cours hier. Elle lui pose des questions pour savoir exactement ce que Maude a fait. Jouez le rôle de Maude.

MODÈLE: Vous lisez: Non, nous… (une comédie)
Vous entendez: Vous avez vu un film violent?
Vous répondez: *Non, nous avons vu une comédie.*

1. Alors, tu ne t'es pas levée à huit heures hier?
   ***
   Non, je me suis levée à midi.
2. Tu es restée à la maison?
   ***
   Euh, non, je me suis promenée dans le parc.
3. Et tu as pris la voiture de ton père?
   ***
   Oui, j'ai pris la voiture de mon père.
4. Tu as déjeuné au restaurant?
   ***
   Mais non! J'ai déjeuné à la maison.

5. Tu as bu du vin au déjeuner?
   ***
   Mais non, Maman! J'ai bu de l'eau minérale

6. Tu as fait tes devoirs, au moins?
   ***
   Euh, non, je n'ai pas fait mes devoirs.

7. Toi et Jean-Paul, vous vous êtes retrouvés au cinéma?
   ***
   Eh bien, oui. Nous nous sommes retrouvés au cinéma.

8. Alors, tu m'as dit la vérité, maintenant?
   ***
   Oui, Maman! Je ne t'ai pas menti.

Leçon 2 CD3–15

Conversation

En français, il existe plusieurs expressions pour prendre la parole, céder la parole à quelqu'un et pour lier une suite d'événements. Écoutez la Conversation (manuel, **chapitre 4, leçon 2**) en prêtant attention à ces expressions.

[Conversation text appears on textbook page 144.]

A. L'intonation des phrases. Maintenant, écoutez et répétez les phrases suivantes. Imitez l'intonation de la phrase en répétant les expressions qu'on utilise pour raconter une histoire.

1. Alors, tu as mentionné la Louisiane.
   ***
2. Allez, raconte, j'aimerais y aller un jour!
   ***
3. C'était vraiment extraordinaire! Tu sais, d'abord, on est allé à La Nouvelle-Orléans.
   ***
4. Mais tu ne croiras jamais ce qui nous est arrivé!
   ***
5. Un jour, on est allé dans les «bayous».
   ***
6. Tout à coup, il y en a un qui a arraché le nounours d'un enfant.
   ***
7. Hein? Tu plaisantes!
   ***

La grammaire à apprendre CD3–16
L'emploi de l'imparfait et du passé composé

B. C'est parce que… Jacques ne fait jamais ce qu'il faut et il trouve toujours des excuses. Jouez le rôle de Jacques et répondez aux questions de ses parents.

MODÈLE: Vous lisez: ne pas avoir faim
   Vous entendez: Pourquoi est-ce que tu n'as rien mangé?
   Vous répondez: ***Je n'ai rien mangé parce que je n'avais pas faim.***

1. Pourquoi est-ce que tu n'es pas allé en classe de mathématiques?
   ***
   Je ne suis pas allé en classe de mathématiques parce que j'étais malade.
2. Pourquoi est-ce que tu n'as pas fini tes devoirs d'anglais?
   ***
   Je n'ai pas fini mes devoirs d'anglais parce que je n'avais pas le temps.
3. Pourquoi est-ce que tu n'as pas réussi à ton examen de français?
   ***
   Je n'ai pas réussi à mon examen de français parce que je ne pouvais pas étudier tous les soirs.
4. Pourquoi est-ce que tu n'as pas acheté ton livre de philosophie?
   ***
   Je n'ai pas acheté mon livre de philosophie parce qu'il coûtait trop cher.

5. Pour quelle raison est-ce que tu as dépensé beaucoup d'argent pour tes disques?
   ***
   J'ai dépensé beaucoup d'argent pour mes disques parce que je voulais des disques de très bonne qualité.

6. Pour quelle raison est-ce que tu ne t'es pas couché tôt hier soir?
   ***
   Je ne me suis pas couché tôt hier soir parce que je lisais des magazines très intéressants.

C. Raconte-moi tout! Frédérique a manqué la soirée de son amie Élise. Maintenant elle veut qu'Élise lui raconte tout ce qui s'est passé. Jouez le rôle d'Élise. Créez des phrases avec les éléments donnés et en employant un verbe à l'imparfait et un verbe au passé composé pour aider Frédérique à mieux imaginer les événements de la soirée.

MODÈLE: Vous lisez: tout le monde / parler de politique
Vous entendez: Qu'est-ce qu'on faisait quand Yves est arrivé?
Vous répondez: *Tout le monde parlait de politique quand Yves est arrivé.*

1. Qu'est-ce que tu faisais quand Dominique est arrivé?
   ***
   Je nettoyais la maison quand Dominique est arrivé.

2. Que faisait Dominique quand les invités sont arrivés?
   ***
   Dominique choisissait des disques quand les invités sont arrivés.

3. Qu'est-ce que vous faisiez quand Chantal est tombée?
   ***
   Nous dansions quand Chantal est tombée.

4. Que faisaient Alain et Claire quand ta mère est arrivée?
   ***
   Alain et Claire s'embrassaient quand ma mère est arrivée.

5. Qu'est-ce que vous faisiez quand j'ai téléphoné?
   ***
   Nous mangions quand tu as téléphoné.

6. Que faisaient tes parents quand les invités sont partis?
   ***
   Ils regardaient la télévision quand les invités sont partis.

Leçon 3 CD4–2

Conversation

Lorsqu'on parle français, il faut savoir réagir de façon appropriée quand on vous raconte une histoire. Il faut aussi connaître des expressions pour gagner du temps quand on parle. Écoutez la Conversation (manuel, **chapitre 4**, leçon 3) en prêtant attention à ces expressions.

[Conversation text appears on textbook page 157.]

A. L'intonation des phrases. Maintenant, écoutez et répétez les phrases suivantes. Imitez l'intonation de la phrase en répétant les expressions qu'on utilise pour gagner du temps ou pour réagir à un récit.

1. Mais, dis-moi encore…
   ***
2. Qu'est-ce que vous avez fait après?
   ***
3. Tu sais, ça nous a fait tellement peur que nous sommes partis tout de suite.
   ***
4. C'est même difficile à imaginer…
   ***
5. Qu'est-ce qu'il y a d'intéressant à voir?
   ***
6. Bon, euh, il y a le quartier français, euh, le Vieux Carré…
   ***

7. Les balcons, les maisons, enfin, tout est de style espagnol.
   ***
8. Et puis il y a le jazz, partout.
   ***

B. La bonne réponse. En français, il existe plusieurs façons différentes d'exprimer une réaction à ce qu'on vous dit. Écoutez ce qu'on dit, et choisissez la phrase qui veut dire plus ou moins la même chose.

1. Sans blague! [surprise]
2. Oui, oui. [pour montrer qu'on comprend]
3. Et alors? [pour montrer l'indifférence]
4. Non! [surprise]

La grammaire à apprendre   CD4-3

C. Dis, Papa! Jean-Charles voudrait en savoir plus sur l'époque où son père a rencontré sa mère. Alors, il pose beaucoup de questions à son père. Jouez le rôle du père et utilisez le plus-que-parfait pour répondre aux questions de Jean-Charles.

MODÈLE: Vous lisez: déjà la connaître à Bordeaux
    Vous entendez: Alors, tu as connu Maman à Paris?
    Vous répondez: *Non, je l'avais déjà connue à Bordeaux.*

1. Alors, tu étudiais toujours à l'université?
   ***
   Non, j'avais déjà fini mes études.
2. L'oncle Paul était toujours célibataire à cette époque-là?
   ***
   Non, il s'était déjà marié.
3. Maman terminait ses études à cette époque-là?
   ***
   Non, elle avait déjà commencé à travailler.
4. Ta mère à toi, elle était toujours vivante?
   ***
   Non, elle était déjà morte.
5. Tu habitais toujours chez ton père?
   ***
   Non, j'avais déjà acheté un appartement.
6. Alors, votre lune de miel, c'était votre premier long voyage?
   ***
   Non, nous avions déjà fait d'autres voyages.

Dictée   CD4-4

D. Un voyage mouvementé. Marguerite, étudiante française dans une université américaine, nous raconte un mauvais souvenir de vacances. Écoutez son histoire et transcrivez-la aussi fidèlement que possible. D'abord, vous entendrez le passage en entier. Ensuite, chaque phrase sera lue deux fois. Enfin, tout le passage sera répété afin que vous puissiez corriger votre travail. Écoutez.

Je me souviens encore de ce voyage! C'était le trois septembre dernier et je retournais aux États-Unis après trois semaines de vacances. Il faisait très beau mais j'étais un peu triste de partir. Je suis arrivée tôt à l'aéroport et j'ai enregistré mes bagages. Soudain, j'ai entendu une voix qui annonçait que le départ de mon avion était retardé de douze heures. Que pouvais-je faire? Je me suis fâchée avec l'employé de la compagnie aérienne et j'ai finalement réussi à prendre un autre vol. J'étais furieuse car j'ai dû quand même attendre cinq heures.

Compréhension   CD4-5
Les vacances et la circulation

Dans ce chapitre, vous avez appris à raconter une histoire et à décrire vos souvenirs. Vous avez beaucoup parlé de vacances et de moyens de transport. Maintenant, imaginez que nous sommes le 1er juillet. En France, la plupart des vacanciers partent en vacances le 1er et le 15 juillet et le 1er et le 15 août. Étudiez la carte et les *Mots utiles* ci-dessous, puis écoutez ce bulletin d'informations donné par la station de radio Europe 1.

Europe 1. Il est 8 heures 30... Bonjour! C'est déjà l'été meurtrier. La première journée des départs en vacances a fait au moins 24 morts et 157 blessés. Routes patinoires sous la pluie, excès de vitesse. Résultat: beaucoup d'accidents, des kilomètres de bouchons. Bouchons sur les routes et bouchons également dans le ciel; jusqu'à cinq heures d'attente dans les aéroports du sud-est hier jusqu'à tard dans la nuit. Et les files d'attente s'allongent à nouveau ce matin. C'est pas drôle du tout. Trois explications à l'embouteillage du ciel: les départs en week-end, en vacances et le Grand Prix de formule 1 dans le Var qui encombre les aéroports du secteur d'une quantité d'avions privés.

Une consolation tout de même pour les vacanciers, les périodes ensoleillées devraient dominer aujourd'hui entre quelques averses orageuses. Il faudra se méfier du vent sur la côte méditerranéenne. Le vent est responsable de nombreux accidents en mer — déjà six baigneurs emportés par des lames de fond. La préfecture du Gard déconseille les bains pour l'instant.

Sur la côte du Languedoc-Roussillon, il y a déjà eu, en deux jours, dix interventions dont deux noyades. D'abord, c'est encore le vent. Et puis il y a des gens qui prennent le soleil et qui vont se baigner immédiatement après, ce qui crée des insolations... Bon, eh bien, bonnes vacances tout de même!

Maintenant, arrêtez le CD et faites les exercices dans votre *Cahier*.

À l'aéroport   CD4–6

Vous rentrez aux États-Unis d'un voyage en Europe. Vous êtes dans une salle d'embarquement à l'aéroport international de Genève. Une demi-heure avant le départ, cette annonce est faite aux passagers.

Nous embarquons dans quelques minutes. Nous vous prions de bien vouloir préparer votre carte d'accès à bord et de prendre note de votre numéro de siège. Nous vous rappelons que tout bagage à main doit pouvoir être rangé sous le siège devant vous ou dans le compartiment porte-bagage placé au-dessus de vos têtes. En cas de doute, nous vous invitons à contacter notre agent avant l'embarquement dans l'avion. Une fois à bord de l'avion, chaque bagage à main doit être correctement rangé avant que l'avion ne parte. Nous vous remercions de votre attention.

Vous êtes maintenant à bord de l'avion. Écoutez l'annonce de l'hôtesse.

Bienvenus à bord de World Airlines, service international à destination de Chicago et continuant sur San Diego. Le personnel de bord se tient à votre disposition pour rendre votre vol le plus agréable possible. Merci d'avoir choisi World Airlines. Nous rappelons aux passagers à destination de New York — JFK qu'ils devront débarquer à Zurich pour leur correspondance avec le vol 65. Merci.

Maintenant, arrêtez le CD et faites les exercices dans votre *Cahier*.

Agnès parle de son arrière-grand-père   CD4–7

Dans ce chapitre, vous vous êtes familiarisé(e) avec le récit d'événements passés. Étudiez les *Mots utiles* ci-dessous, puis écoutez l'histoire d'Agnès.

Dans les années 1885, par là, à la fin du dix-neuvième siècle, il avait travaillé pendant 35 ans dans la marine, et il avait fabriqué un bateau. C'était une maquette de bateau, un gros bateau avec des belles voiles et tout ça. Et dans la famille, ce bateau était vénéré comme une relique, c'est-à-dire qu'il était posé sur un meuble et tout le monde disait «c'est le bateau de l'arrière-grand-père». Et ma mère, quand elle était petite, on lui disait «c'est le bateau que ton grand-père a fabriqué». Et ce bateau il est allé donc chez ma mère et puis maintenant il est dans sa maison en Normandie. Et mon frère, qui vit dans cette maison, a retrouvé le bateau de notre arrière-grand-père dans la cave et il a voulu le restaurer parce que beaucoup de petits canons — c'était un bateau de guerre — tous les petits canons étaient cassés et les voiles étaient déchirées. Alors le week-end, comme il pleut beaucoup en Normandie, il a décidé de le restaurer. Et puis, à force de vouloir recoller des petits canons, il y a un petit canon qui est tombé à l'intérieur de la cale, dans la coque. Bon, il a fait tomber un petit canon, alors il a voulu l'attraper et puis il n'a pas réussi, et il a décidé d'ouvrir toute la coque du bateau pour récupérer le canon. Et là-dedans, il a trouvé un petit bout de papier, roulé. Alors, il l'a défait et c'était une lettre qui datait de 1885 et la lettre est adressée à notre arrière-grand-père. Et c'est un homme qui s'appelle Gaigaine et qui écrit «mon cher Henri». Henri c'était le nom de l'arrière-grand-père. «Mon cher Henri, je te donne ce bateau comme gage de mon amitié et j'espère que lorsque nous serons morts tous les deux, ce bateau restera dans ta famille pour marquer l'amitié que nous avons toujours eue.» Et alors, c'est extraordinaire parce qu'on découvre presque 100 ans après, que ça n'a jamais été l'arrière-grand-père qui a fabriqué le bateau, que c'est l'ami qui le lui a donné. L'ami travaillait dans la marine aussi et c'était l'ami qui avait fait ce beau bateau, et qui l'avait donné à l'arrière-grand-père comme souvenir de leur amitié. Alors, c'est très drôle ça. Alors, ce pauvre arrière-grand-père a été trahi. Il croyait que toute la famille dirait toujours: «l'arrière-grand-père a fait ce beau bateau» et... c'est un copain qui l'avait fait.

Maintenant, arrêtez le CD et faites les exercices dans votre *Cahier*.

Chapitre 5 Exprimez-vous!

Phonétique CD4–8

Révision des chapitres 1 à 4

A. Écoutez et répétez les mots suivants en faisant attention à l'accentuation.

latitude	opportunité	caractère	natation	infirmité
***	***	***	***	***
ordinateur	sélection	impressionnisme	habituellement	démocratie
***	***	***	***	***

B. Écoutez et répétez les phrases suivantes en faisant attention à l'intonation montante ou descendante de chaque groupe de mots.

1. Après avoir payé la facture, tu as été au supermarché où tu as acheté des provisions pour la semaine prochaine.
   ***
2. Nous avons gagné.
   ***
3. Quand je la recevrai, je lirai cette lettre et puis j'écrirai ma réponse.
   ***
4. Monique est très belle.
   ***
5. Monique est très belle, mais elle n'est pas gentille.
   ***

C. Écoutez et répétez les questions suivantes.

1. Combien de côtelettes est-ce que tu veux?
   ***
2. Tu te souviens de cette histoire?
   ***
3. Quelle était sa réaction?
   ***
4. Où allons-nous?
   ***
5. Faut-il que tu ailles en classe ce soir?
   ***

D. Écoutez et répétez les phrases suivantes. Barrez le [ə] quand il n'est pas prononcé.

1. Je ne vais que rarement dans cette grande boucherie.
   ***
2. Mercredi prochain, il se lèvera tôt et emmènera sa cousine en Allemagne.
   ***
3. Le Chemin Vert est une ruelle entre le marchand de journaux et l'appartement d'Évelyne.
   ***
4. Demain, elle ira chez le dentiste pour se faire extraire une dent de sagesse.
   ***
5. Même si on me le demande, je n'ai pas le temps de travailler en ce moment.
   ***

E. Écoutez et répétez les phrases suivantes.

1. Je n'ose pas dire que cette photo de Maurice n'est pas bonne.
   ***
2. Notre-Dame est trop loin de l'Opéra pour y aller sans auto.
   ***
3. La chose la plus drôle, c'est quand vos gosses répondent au téléphone.
   ***

F. Écoutez et répétez les phrases suivantes.

1. Félicité était un être fidèle à sa maîtresse.
   ***
2. Les sept frères de Michelle buvaient du thé, mais elle préférait la bière.
   ***
3. Elle a été élevée dans une vieille maison dans le Maine.
   ***

G. Vous allez entendre des mots qui contiennent le son [y] ou le son [u]. Pour chaque mot, mettez une croix dans la colonne à laquelle appartient le son que vous identifiez. Ensuite, répétez ce mot.

MODÈLE: Vous entendez: pousser
Vous faites: une croix dans la colonne [u]
Vous répétez: *pousser*

1. puce
   ***
2. dégoût
   ***
3. surveiller
   ***
4. secousse
   ***
5. éperdu
   ***

H. Écoutez et répétez ce paragraphe, un peu absurde, qui contient tous les sons que vous avez pratiqués dans les **chapitres 1 à 4**.

À quel sport est-ce que tu vas jouer aujourd'hui? Vraiment, je pense que tu ne t'intéresses qu'à cela! Et il y a tellement d'autres choses à faire! Tu devrais rechercher les autres opportunités qu'offre la vie. Tu ne regardes pas autour de toi? On trouve de tout.
***

Leçon 1 CD4–9

Conversation

En français, il existe beaucoup d'expressions pour dire ce que l'on veut ou ce que l'on préfère. Écoutez la Conversation (manuel, **chapitre 5**, leçon 1) en prêtant attention à ces expressions.

[Conversation text appears on textbook page 179.]

A. L'intonation des phrases. Maintenant, écoutez et répétez les phrases suivantes. Imitez l'intonation de la phrase et les expressions qu'on utilise pour dire ce que l'on veut ou ce que l'on préfère.

1. J'aimerais bien voir Vanessa Paradis.
   ***
2. Il vaut mieux monter dans ta chambre maintenant.
   ***
3. J'ai l'intention de faire des exercices qui ressemblent à ceux du livre.
   ***
4. Il faut en refaire quelques-uns maintenant.
   ***
5. Je voudrais bien voir Vanessa Paradis.
   ***

B. La bonne réponse. Il existe en français plus d'une façon de dire la même chose. Écoutez les phrases suivantes, et choisissez la phrase qui exprime plus ou moins la même idée.

1. Je tiens à aller à ce concert.
2. Je compte finir ce travail demain.
3. J'aime mieux lire un bon livre.

La grammaire à apprendre CD4–10

Le subjonctif: formation irrégulière

C. Un égoïste. Philippe est très égoïste: il ne pense jamais qu'à lui. Son ami Jacques doit sans cesse lui rappeler que les autres, ses amis en particulier, existent aussi. Jouez le rôle de Jacques. Mettez à la première personne du pluriel (**nous**) les phrases que Philippe prononce à la première personne du singulier (**je**). Faites tout autre changement nécessaire.

MODÈLE: Vous entendez: Il faut que je prenne soin de ma santé.
Vous dites: *Il faut que nous prenions soin de notre santé.*

1. Mes parents veulent que je les appelle souvent.
   ***
   Nos parents veulent que nous les appelions souvent.

2. Il est préférable que je voie le médecin plusieurs fois par an.
   ***
   Il est préférable que nous voyions le médecin plusieurs fois par an.

3. Il est nécessaire que je prenne des vitamines.
   ***
   Il est nécessaire que nous prenions des vitamines.

4. Il est indispensable que je reçoive un diplôme universitaire.
   ***
   Il est indispensable que nous recevions un diplôme universitaire.

5. Il est très important que je croie en mes aptitudes.
   ***
   Il est très important que nous croyions en nos aptitudes.

D. Les élections. La candidate Julie Froissard participe à un débat électoral à la télévision. Jouez son rôle et modifiez les phrases que vous entendez en utilisant les expressions données.

MODÈLE: Vous lisez: On ne croit pas...
Vous entendez: Nous avons de la chance d'être français.
Vous dites: *On ne croit pas que nous ayons de la chance d'être français.*

1. Vous savez la vérité.
   ***
   Il est temps que vous sachiez la vérité.

2. Les électeurs peuvent choisir.
   ***
   Il est important que les électeurs puissent choisir.

3. Votre nouveau maire fera son devoir.
   ***
   Je veux que votre nouveau maire fasse son devoir.

4. Votre représentant sera idéaliste.
   ***
   Exigez que votre représentant soit idéaliste.

5. Vous irez voter pour moi dimanche.
   ***
   Il est essentiel que vous alliez voter pour moi dimanche.

Le subjonctif: la volonté CD4–11

E. Les nouvelles. Pierre, étudiant à l'université de Caen, lit les nouvelles dans le journal universitaire. Son amie fait des remarques sur ce qu'il lit. Jouez le rôle de son amie en utilisant les phrases que vous entendez et les expressions données. Le présent du subjonctif va remplacer le futur ou le présent de l'indicatif dans chacune de vos phrases.

MODÈLE: Vous lisez: Je ne veux pas que...
Vous entendez: L'université va être fermée pour la visite du président de la République.
Vous dites: *Je ne veux pas que l'université soit fermée pour la visite du président de la République.*

1. Le nouveau ministre de l'Éducation nationale est libéral.
   ***
   J'aime bien que le nouveau ministre de l'Éducation nationale soit libéral.
2. Henri Broissard va travailler aux États-Unis cet été.
   ***
   Son père ne désire pas qu'Henri Broissard travaille aux États-Unis cet été.
3. Les frères Mengin vont aller à la faculté de droit l'année prochaine.
   ***
   Leurs parents préfèrent que les frères Mengin aillent à la faculté de droit l'année prochaine.
4. La musique va être bonne à la soirée universitaire.
   ***
   Je souhaite que la musique soit bonne à la soirée universitaire.
5. Marc Chauvin va peut-être gagner le match de tennis.
   ***
   J'aimerais que Marc Chauvin gagne le match de tennis.

Leçon 2 CD4–12

Conversation

En français, il existe beaucoup d'expressions pour exprimer ses émotions. Écoutez la Conversation (manuel, **chapitre 5, leçon 2**) en prêtant attention à ces expressions.

[Conversation text appears on textbook page 189.]

A. L'intonation des phrases. Maintenant, écoutez et répétez les phrases suivantes. Imitez l'intonation de la phrase et les expressions qu'on utilise pour exprimer le contentement, la joie, l'inquiétude et la crainte.

1. Ah, Paul, je suis content de te voir!
   ***
2. J'ai peur qu'elle finisse par redoubler sa seconde.
   ***
3. Au fond, c'est ça qui m'inquiète peut-être encore plus que ses notes.
   ***
4. Ça m'étonne mais je suis content.
   ***
5. Qu'est-ce que vous avez de la chance!
   ***

B. La bonne réponse. Écoutez ce que disent les personnes suivantes, et choisissez la réponse appropriée.

1. Ton amie Suzanne vient dîner ce soir.
2. Si on allait au cinéma ce soir?
3. On dit que Marc a eu un accident.

La grammaire à apprendre CD4–13

Le subjonctif: l'émotion, l'opinion et le doute

C. Une opinion sur tout. Christine Ferrand n'hésite jamais à exprimer ses opinions. Jouez son rôle en utilisant les expressions données.

MODÈLE: Vous lisez: J'ai peur que...
Vous entendez: Croyez-vous que la pollution soit un problème grave?
Vous répondez: *J'ai peur que la pollution soit un problème grave.*

1. Pensez-vous que le gouvernement fasse son travail?
   ***
   Je crains que le gouvernement ne fasse pas son travail.
2. Aimeriez-vous que tous les criminels soient en prison?
   ***
   Je serais heureuse que tous les criminels soient en prison.

3. Pensez-vous que les jeunes d'aujourd'hui respectent les personnes âgées?
   ***
   Je regrette que les jeunes d'aujourd'hui ne respectent pas les personnes âgées.
4. Trouvez-vous que nous utilisons trop d'énergie nucléaire?
   ***
   Je suis sûre que nous utilisons trop d'énergie nucléaire.
5. Êtes-vous surprise que nous soyons si pessimistes?
   ***
   Je suis étonnée que nous soyons si pessimistes.

L'infinitif pour éviter le subjonctif   CD4–14

D. Tout à fait d'accord. Vous entrez à l'université dans quelques jours et votre mère vous fait part de ses sentiments. Vous approuvez tout ce qu'elle dit et vous reprenez ses commentaires selon le modèle.

MODÈLE: Vous lisez: Moi, aussi…
Vous entendez: Je suis contente que tu commences l'université la semaine prochaine.
Vous répondez: *Moi aussi, je suis content(e) de commencer l'université la semaine prochaine.*

1. Je suis un peu triste que tu quittes la maison.
   ***
   Moi aussi, je suis un peu triste de quitter la maison.
2. Je suis rassurée que tu ailles vivre chez Julien et Marie.
   ***
   Moi aussi, je suis rassuré(e) d'aller vivre chez Julien et Marie.
3. J'ai envie que tu aies de bonnes notes.
   ***
   Moi aussi, j'ai envie d'avoir de bonnes notes.
4. J'ai peur que tu te sentes un peu perdu(e).
   ***
   Moi aussi, j'ai peur de me sentir un peu perdu(e).
5. Je suis heureuse que tu puisses revenir pour les vacances de Noël.
   ***
   Moi aussi, je suis heureux(-se) de pouvoir revenir pour les vacances de Noël.

Leçon 3   CD4–15

Conversation

En français, il existe beaucoup d'expressions pour persuader, donner des ordres ou exprimer la nécessité ou l'obligation. Écoutez la Conversation (manuel, **chapitre 5, leçon 3**) en prêtant attention à ces expressions.

[Conversation text appears on textbook page 200.]

A. L'intonation des phrases. Maintenant, écoutez et répétez les phrases suivantes. Imitez l'intonation de la phrase et les expressions qu'on utilise pour persuader, donner des ordres ou exprimer la nécessité ou l'obligation.

1. Ça ne vous tente pas?
   ***
2. Passe-moi le programme, s'il te plaît.
   ***
3. Ça ne te dit rien de regarder le match de foot?
   ***
4. Allez, sois sympa, je t'en prie.
   ***
5. Regarde le match avec nous, quoi.
   ***
6. Je vous propose un compromis.
   ***

7. Qu'est-ce que vous diriez d'une partie de «Scrabble®»?
   ***
8. C'est toi qui vas chercher le jeu dans le placard de ma chambre.
   ***

La grammaire à apprendre   CD4–16
Le subjonctif: la nécessité et l'obligation

B. La discipline. Vous devez partir d'urgence pour une autre ville où on vous a offert un fabuleux travail. Vous ne pouvez pas emmener vos deux enfants avec vous et vous allez les laisser pour une semaine chez votre voisine. C'est une personne sévère qui ne plaisante pas avec la discipline. Elle accepte de garder vos enfants sous certaines conditions. Formulez ses exigences en utilisant les expressions et les verbes donnés.

MODÈLE: Vous lisez: Il faut que… (se coucher)
   Vous entendez: Les enfants doivent se coucher à dix heures.
   Vous dites: *Il faut que les enfants se couchent à dix heures.*

1. On se tait à table.
   ***
   Il est essentiel qu'on se taise à table.
2. Les enfants devront faire la vaisselle et le ménage.
   ***
   J'insiste pour que les enfants fassent la vaisselle et le ménage.
3. Tout le monde doit m'obéir.
   ***
   Il est nécessaire que tout le monde m'obéisse.
4. Personne ne pourra regarder la télé à table.
   ***
   Je demande que personne ne regarde la télé à table.
5. Les enfants ne doivent pas sortir le soir.
   ***
   J'empêche que les enfants sortent le soir.
6. Vous devez revenir dans huit jours.
   ***
   Il est essentiel que vous reveniez dans huit jours.

Le passé du subjonctif   CD4–17

C. À l'étranger. Paul et Marie-Christine vivent en Suisse depuis un mois. Ils ont eu le temps de s'habituer un peu à leur nouvelle vie. Paul téléphone à des amis pour leur donner de leurs nouvelles. À chacune des affirmations de Paul, ses amis expriment leur approbation. Jouez leur rôle en suivant le modèle.

MODÈLE: Vous lisez: Nous sommes heureux que…
   Vous entendez: Nous avons trouvé un appartement splendide.
   Vous répondez: *Nous sommes heureux que vous ayez trouvé un appartement splendide.*

1. Nous avons acheté une voiture.
   ***
   Nous sommes contents que vous ayez acheté une voiture.
2. Christine s'est fait de nouvelles amies.
   ***
   Nous sommes ravis que Christine se soit fait de nouvelles amies.
3. On m'a offert un bon travail.
   ***
   Nous sommes enchantés qu'on t'ait offert un bon travail.
4. Nous nous sommes maintenant bien adaptés à la Suisse.
   ***
   Nous sommes heureux que vous vous soyez bien adaptés à la Suisse.
5. Nous avons quand même décidé de rentrer en France un de ces jours.
   ***
   Nous sommes rassurés que vous ayez décidé de rentrer en France un de ces jours.

Dictée CD4–18

D. À suivre. La speakerine va vous donner un condensé des programmes de ce soir sur France 2. Écrivez les phrases qui le composent. Notez que «Le commissaire Maigret» est un feuilleton policier français adapté des romans de Georges Simenon. D'abord, écoutez le passage en entier. Ensuite, chaque phrase sera lue deux fois. Enfin, le passage entier sera répété pour que vous puissiez vérifier votre travail. Écoutez.

À vingt heures trente-cinq, il faut que vous restiez devant votre téléviseur pour regarder la suite des aventures du commissaire Maigret. Ce soir, suspense! Sera-t-il nécessaire que le fameux commissaire arrête toute la ville pour découvrir la vérité? À vingt-deux heures, il vous sera possible d'assister au match de football France–Angleterre. Bien que la France soit favorite, l'Angleterre nous réserve peut-être une surprise. À vingt-trois heures trente, restez avec nous pour les dernières actualités. Nous souhaitons que vous passiez une très agréable soirée en notre compagnie. Voilà pour cette soirée du dix février. Bonsoir à tous!

Compréhension CD4–19
Le chauffeur de taxi

Dans ce chapitre, vous avez appris à exprimer vos émotions. Un chauffeur de taxi a failli entrer en collision avec une autre personne qui se dit être commissaire de police. Vous entendez d'abord quelques échanges désagréables entre les conducteurs. Ensuite, le chauffeur de taxi parle avec sa passagère de l'accident dont ils ont failli être victimes quelques minutes auparavant. Écoutez.

— Oui, je voudrais bien, monsieur, parce que moi, j'ai le feu vert et vous, vous avez quoi comme feu? Ah, vous êtes un triste commissaire de police, un triste citoyen… Il brûle le feu rouge et il est commissaire de police! C'est incroyable! C'est un farfelu!
— Ah, oui.
— C'est tout — commissaire de police. Ah, je voudrais bien. Alors, le feu, il est vert pour nous; lui, il a le feu rouge et il s'imagine en droit de passer! C'est un farfelu! On verra bien s'il est commissaire de police! C'est fou ce que les gens se croient!
— Il y a beaucoup de fous qui conduisent à Paris.
— «Moi, je suis commissaire de police»… moi, je voudrais bien. On pourrait discuter sur un autre ton. Il croyait qu'il allait m'impressionner. Il n'a pas de chance…
— Oui, oui,…
— Il n'a pas de chance. À Paris, c'est un cauchemar. Je sais pas comment c'est ailleurs, mais ici, c'est «moi, je suis ceci» ou «moi, je suis cela». Ils sont rien du tout. Ce sont des petits minables.
— Qu'est-ce que c'est «minable»?
— Pardon?
— «Minable», qu'est-ce que cela veut dire?
— Ça veut dire «pas grand-chose».
— Ah, oui…
— Voilà, ça y est. On arrive…

Maintenant, arrêtez le CD et faites les exercices dans votre *Cahier*.

Les annonces CD4–20

Vous partez en vacances à la plage. Vous allez faire des achats avant de partir. Considérez les produits suivants. Écoutez les annonces.

Blanca

Frais, désaltérant, sans alcool. C'est Blanca. La boisson de l'été.

Le Parisien

Cet été tout ce qui se passe est écrit, écrit dans *Le Parisien*. C'est pour ça qu'en juillet et en août, nous, au *Parisien,* nous partons avec vous au soleil avec notre supplément de vacances de huit pages. De bons moments avec le tour du monde de Philippe Auberg, l'été des stars, des jeux pour vous et vos enfants, des infos sur les festivals, les circuits touristiques, la météo des plages, tout pour l'été! Bref, cet été tout ce qui se passe est écrit, écrit dans *Le Parisien*. Et attention aux coups de soleil!

Quick-Snap Fuji Color

Fuji, Fuji Color. Une grande nouveauté en photo — Quick-Snap Fuji Color. Une idée simple, géniale. Quick-Snap Fuji Color, c'est le prêt-à-photographier. Un film 24/36, équipé d'un objectif, et à peine plus cher qu'une pellicule. Enfin, vous pouvez faire des photos même si vous avez oublié votre appareil. Alors vite, achetez votre premier Quick-Snap et mettez-le dans votre poche ou dans votre voiture. Fuji Photographie. Quick-Snap Fuji Color. Je te veux. Je te prends.

Maintenant, arrêtez le CD et faites les exercices dans votre *Cahier*.

Faites attention! CD4–21

Dans ce chapitre, vous avez appris à donner des ordres et à exprimer la nécessité. Le reportage suivant présente le problème des noyades en France et propose quelques conseils préventifs.

Faites attention à vos enfants dès que vous êtes à proximité d'une piscine ou au bord de l'eau. La surveillance doit être particulièrement vigilante. Ce conseil, les spécialistes le donnent chaque année, mais apparemment il n'est pas suffisamment entendu puisque les noyades sont en France la deuxième cause de décès accidentels chez les enfants de moins de quinze ans. Parmi ces noyades, celles qui ont lieu dans des piscines privées risquent de devenir de plus en plus fréquentes étant donné la vogue croissante que connaissent ces installations. Les accidents en piscine sont graves, puisque seulement un enfant sur deux s'en sort sans le moindre handicap. Dans plus d'un tiers des cas, la mort survient, soit immédiatement, soit après un temps plus ou moins long en réanimation.
   Ce sont les enfants de un à quatre ans qui sont le plus exposés à la noyade accidentelle dans les piscines privées. Et c'est imparable, puisqu'un gamin ne peut réellement apprendre à nager que vers cinq ou six ans. La seule solution est donc de protéger l'enfant. Mais les gens qui se font construire une piscine ne demandent presque jamais qu'on leur fournisse du matériel assurant une plus grande sécurité, style: couverture de sécurité électrique, alarme sonore et surtout clôture. Or, dans les pays où on a imposé la mise en place de barrières pour interdire aux jeunes enfants l'accès au bassin, le nombre de noyades a considérablement diminué. Ça vaut vraiment le coup d'y penser.

Maintenant, arrêtez le CD et faites les exercices dans votre *Cahier*.

Chapitre 6 À mon avis...

Phonétique CD5–2

Les semi-voyelles [j], [w] et [ɥ]

Dès que les voyelles **i, y, ou** et **u** sont suivies d'une autre voyelle, leur prononciation change et elles deviennent ce qu'on appelle des semi-voyelles.

La semi-voyelle [j] rappelle le son de la lettre *y* dans le mot anglais *yes,* mais le son est plus tendu en français qu'en anglais. La semi-voyelle [j] est représentée par les lettres **i** ou **y** suivies d'une voyelle. Les lettres **il** et **ill** représentent aussi le son [j]. Écoutez et répétez les mots suivants:

papier	étudiant	fille	crayon
***	***	***	***
avion	pareil	nettoyer	
***	***	***	

Exceptions:

| mille | ville | tranquille | Lille |
| *** | *** | *** | *** |

A. Écoutez les phrases suivantes et encerclez les mots qui contiennent le son [j].
  1. La gentille étudiante a renversé sa bière sur le panier.
     ***
  2. Il faut bien nettoyer les traits de crayon.
     ***
  3. Ce premier voyage en avion a inquiété la vieille femme.
     ***

B. Maintenant, répétez les mêmes phrases pour pratiquer le son [j].
1. La gentille étudiante a renversé sa bière sur le panier.
   ***
2. Il faut bien nettoyer les traits de crayon.
   ***
3. Ce premier voyage en avion a inquiété la vieille femme.
   ***

La semi-voyelle [w] est proche du *w* anglais, mais les lèvres sont plus tendues en français. Le son [w] est représenté par les lettres **ou** suivies d'une voyelle. Les combinaisons **oi** et **oy** représentent le son [wa], et la combinaison **oin** représente le son [wɛ̃]. Écoutez et répétez les mots suivants.

Louis	boire	besoin	moi
***	***	***	***
oui	loyer	loin	mademoiselle
***	***	***	***

C. Écoutez les phrases suivantes et encerclez les mots qui contiennent le son [w].
1. Louis a besoin de boire beaucoup d'eau chaque mois.
   ***
2. Voici Mademoiselle Dubois, troisième concurrente de la soirée.
   ***
3. Oui, je crois que le voyage de la semaine prochaine sera moins long.
   ***

D. Maintenant, répétez les mêmes phrases pour pratiquer le son [w].
1. Louis a besoin de boire beaucoup d'eau chaque mois.
   ***
2. Voici Mademoiselle Dubois, troisième concurrente de la soirée.
   ***
3. Oui, je crois que le voyage de la semaine prochaine sera moins long.
   ***

La semi-voyelle [ɥ] n'a pas vraiment d'équivalent en anglais. Pour reproduire ce son, essayez de prononcer [y] très rapidement avant la voyelle qui suit. L'orthographe du son [ɥ] est **u** suivi d'une voyelle. Écoutez et répétez les mots suivants:

aujourd'hui	juillet	cuillère
***	***	***
je suis	lui	nuit
***	***	***

E. Écoutez les phrases suivantes et encerclez les mots qui contiennent le son [ɥ].
1. Aujourd'hui, c'est le huit juillet.
   ***
2. Je suis rentrée à minuit, puis j'ai parlé avec lui.
   ***
3. La poursuite a ensuite continué tard dans la nuit.
   ***

F. Maintenant, répétez les mêmes phrases pour pratiquer le son [ɥ].
1. Aujourd'hui, c'est le huit juillet.
   ***
2. Je suis rentrée à minuit, puis j'ai parlé avec lui.
   ***
3. La poursuite a ensuite continué tard dans la nuit.
   ***

Leçon 1 CD5-3

Conversation

A. Les expressions pour faire la conversation. Maintenant, écoutez la Conversation (manuel, **chapitre 6**, leçon 1) en prêtant attention aux expressions pour engager, continuer et terminer une conversation. [Conversation text appears on textbook pages 220–221.]

B. L'intonation des phrases. Écoutez et répétez les phrases que vous entendrez. Imitez l'intonation de la phrase.

1. Dis donc, Fabien, qu'est-ce que tu m'as dit à propos de Paul?
   ***
2. Pardon, messieurs-dames, excusez-moi de vous interrompre.
   ***
3. Je pense que c'est une très bonne cause.
   ***
4. Bon, il faut que je m'en aille.
   ***
5. Bon, alors, à tout de suite.
   ***

C. Une réponse appropriée. Écoutez chaque phrase et choisissez entre les deux expressions données la réponse appropriée. Dites-la à haute voix.

1. Moi, je pense que le gouvernement devrait s'intéresser plus aux sans-abri *(homeless people)*.
   ***
   Justement...
2. Je peux prendre quelques minutes de votre temps?
   ***
   Oui. On vous écoute.
3. Je te dérange?
   ***
   Mais pas du tout! Qu'est-ce qu'il y a?
4. Eh bien, je dois m'en aller.
   ***
   Bon, allez, au revoir.
5. À mon avis, Monsieur le Maire devrait faire plus attention à l'opinion publique.
   ***
   Oui, mais pas trop quand même.

La grammaire à apprendre CD5-4

Les pronoms *y* et *en*

D. J'en ai, des soucis, moi! Souvent en français parlé, on utilise un pronom aussi bien que le nom correspondant. Le nom est placé au début de la phrase ou à la fin (comme dans l'exemple ci-dessous.) On fait alors une petite pause entre le nom et le reste de la phrase. Répondez aux questions en suivant le modèle.

MODÈLE: Vous entendez: Tu as des soucis?
Vous répondez: *J'en ai, des soucis, moi!*

1. Tu réfléchis à l'avenir?
   ***
   J'y réfléchis, à l'avenir, moi!
2. Tu rêves de la paix?
   ***
   J'en rêve, de la paix, moi!
3. Tu te souviens de la guerre du golfe?
   ***
   Je m'en souviens, de la guerre du golfe, moi!

4. Tu as peur des terroristes?
   ***
   J'en ai peur, des terroristes, moi!

5. Tu penses à la crise économique?
   ***
   J'y pense, à la crise économique, moi!

6. Tu doutes de la sincérité de nos hommes politiques?
   ***
   J'en doute, de leur sincérité, moi!

7. Tu t'intéresses aux actualités?
   ***
   Je m'y intéresse, aux actualités, moi!

E. Au fait... Deux amis attendent le commencement de leur cours de mathématiques. Entre-temps, Jean-David essaie d'intéresser son amie Claire à un article de journal qu'il vient de lire. Jouez le rôle de Claire et répondez aux questions de Jean-David en utilisant le pronom **y** ou **en** et les indications données.

MODÈLE: Vous lisez: Non, je... pas beaucoup
Vous entendez: Tu as beaucoup de pages à lire avant la classe?
Vous répondez: ***Non, je n'en ai pas beaucoup.***

1. Bien. Tu t'intéresses aux nouvelles politiques, n'est-ce pas?
   ***
   Oui, je m'y intéresse un peu.

2. Bon. Est-ce que tu te souviens de la prise d'otages par les terroristes à Beyrouth il y a un an?
   ***
   Oui, je m'en souviens.

3. Tu as entendu parler de récents développements de cette histoire?
   ***
   Non, je n'en ai pas entendu parler.

4. Eh bien. On dit que les terroristes vont libérer les otages aujourd'hui. Tu sais combien d'otages il y a encore à Beyrouth?
   ***
   Non, mais je sais qu'il y en a plusieurs.

5. Oui, et maintenant ils veulent échanger des otages contre des armes. Ils doivent bien réfléchir aux conséquences de cette action, n'est-ce pas?
   ***
   Oui, ils doivent bien y réfléchir.

Leçon 2   CD5–5

Conversation

A. Exprimer une opinion. Maintenant, écoutez la Conversation (manuel, **chapitre 6**, leçon 2) en prêtant attention aux expressions pour exprimer une opinion.

[Conversation text appears on textbook pages 230–231.]

B. Pratiquez les expressions. Répétez ces expressions que vous avez entendues dans la Conversation.

1. Je trouve que c'est fantastique.
   ***
2. Je trouve que c'est idiot, ça!
   ***
3. Moi, je trouve ça assez chouette.
   ***
4. Mais pas du tout!
   ***
5. Moi, je ne suis pas du tout d'accord!
   ***
6. Je trouve que c'est une très mauvaise idée.
   ***
7. Moi, je trouve ça bien.
   ***
8. Je suis de ton avis.
   ***

C. Une réponse appropriée. Écoutez chaque phrase et choisissez entre les deux expressions données la réponse appropriée. Dites-la à haute voix.

1. Quel est ton avis?
   ***
   Je crois qu'on devrait y aller.
2. Comment tu trouves le nouveau musée?
   ***
   Je le trouve assez moche.
3. Selon vous, faut-il rénover les musées?
   ***
   Tout cela est sans importance.
4. J'ai l'impression que les artistes ont moins de talent aujourd'hui.
   ***
   Ce n'est pas vrai.
5. Qu'est-ce que tu penses de l'art moderne?
   ***
   Je suis d'accord avec toi: il est assez laid.

La grammaire à apprendre   CD5–6
La position des pronoms objets multiples

D. Vraiment? Pascal, qui adore lire le journal le matin, résume les événements du jour à sa femme, Marie, pendant qu'ils prennent le petit déjeuner. Jouez le rôle de Marie, qui reprend ce que dit Pascal sous forme d'une question exclamative. Faites attention à l'ordre des pronoms.

MODÈLE: Vous lisez: Tu veux rire? Elle…
Vous entendez: L'équipe de football de Toulon a perdu le dernier match dans son propre stade.
Vous répondez: ***Tu veux rire? Elle l'y a perdu?***

1. Un fonctionnaire a volé de l'argent à son patron.
   ***
   Vraiment? Il lui en a volé?
2. Un politicien marié rencontre sa petite amie dans les bars le soir.
   ***
   Sérieusement? Il l'y rencontre?
3. Cet été on va trouver la plupart des touristes étrangers sur la Côte d'Azur.
   ***
   Sans blague? On va les y trouver?
4. Le premier ministre va nous expliquer ses nouvelles stratégies économiques ce soir.
   ***
   Sans plaisanter? Il va nous les expliquer ce soir?
5. On dit qu'un jeune homme de vingt ans a tué son père dans leur propre maison.
   ***
   Non! Il l'y a tué?

Les pronoms disjoints   CD5–7

E. Qu'en pense-t-on? Parlez au nom des personnes mentionnées et donnez leur avis sur l'art impressionniste. Pour souligner *(emphasize)* à qui est l'opinion, utilisez le pronom disjoint qui correspond au nom. Suivez le modèle.

MODÈLE: Vous lisez: fabuleux
Vous entendez: Comment est-ce que tu trouves l'art impressionniste?
Vous répondez: ***Moi, je le trouve fabuleux.***
Vous entendez la confirmation: Moi, je le trouve fabuleux.

1. Et ta mère?
   ***
   Elle, elle le trouve très beau.
2. Et tes meilleurs copines?
   ***
   Elles, elles le trouvent super.
3. Et tes frères et sœurs?
   ***
   Eux, ils le trouvent chouette.
4. Et ton professeur d'art?
   ***
   Lui, il le trouve passionnant.

Leçon 3 CD5-8

Conversation

A. La probabilité. Maintenant, écoutez la Conversation (manuel, **chapitre 6,** leçon 3) en prêtant attention aux expressions pour exprimer la probabilité et l'improbabilité.

[Conversation text appears on textbook page 241.]

B. Pratiquez les expressions. Répétez les expressions pour exprimer la probabilité trouvées dans la Conversation.

1. Il ne me semble pas que...
***

2. Il est probable que...
***

C. Autrement dit. Refaites les phrases que vous entendrez avec une expression similaire.

MODÈLE: Vous lisez: Ils devraient arriver bientôt. / Il est douteux qu'ils arrivent bientôt.
Vous entendez: Sans doute qu'ils arriveront bientôt.
Vous dites: ***Ils devraient arriver bientôt.***

1. Ils ont probablement parlé de la prise des otages.
***
Ils ont dû parler de la prise des otages.

2. Sans doute que les immigrés devront s'assimiler.
***
Il est probable que les immigrés devront s'assimiler.

3. Il est douteux que la crise se répande.
***
Il est peu probable que la crise se répande.

4. Il est probable qu'ils aimeront cette peinture.
***
Il est bien probable qu'ils aimeront cette peinture.

La grammaire à apprendre CD5-9

Le verbe *devoir*

D. Pour une vie meilleure. Répondez à la question avec la forme appropriée du verbe devoir. Attention au temps des verbes!

MODÈLE: Vous lisez: éliminer les impôts
Vous entendez: Qu'est-ce que notre gouvernement devrait faire?
Vous répondez: ***Il devrait éliminer les impôts.***

1. Pour une vie meilleure? Qu'est-ce que nous devrions faire?
***
Nous devrions aider nos voisins.

2. Qu'est-ce que vos parents devraient faire?
***
Ils devraient travailler dur.

3. Qu'est-ce que vous devrez faire?
***
Je devrai obtenir mon diplôme.

4. Qu'est-ce que tes amis devront faire à l'avenir?
***
Ils devront chercher un emploi.

5. Et pour un monde meilleur? Qu'est-ce qu'on doit faire?
***
On doit recycler.

6. Qu'est-ce nous devons faire?
   ***
   Nous devons protéger l'environnement.
7. Qu'est-ce qu'on aurait dû faire pour mieux protéger l'environnement?
   ***
   On aurait dû faire plus attention à la pollution.

Les adjectifs et les pronoms indéfinis CD5–10

E. Une école expérimentale. La voisine de Madame Lechartier lui pose des questions sur l'école bilingue où elle envoie ses enfants. Jouez le rôle de Madame Lechartier et répondez aux questions de sa voisine en utilisant les mots donnés. Faites tous les changements nécessaires.

MODÈLE: Vous lisez: quelqu'un
Vous entendez: Qui vous a appris l'existence de ce programme?
Vous répondez: ***Quelqu'un m'a appris l'existence de ce programme.***

1. Est-ce que tous les enfants doivent être forts en anglais?
   ***
   Chacun doit être fort en anglais.
2. Combien de cours vont-ils suivre en anglais?
   ***
   Ils vont en suivre plusieurs.
3. Avez-vous rencontré tous les professeurs?
   ***
   Je les ai tous rencontrés.
4. Les enfants vont-ils pouvoir apprendre toutes les matières?
   ***
   Ils vont pouvoir les apprendre toutes.
5. Peuvent-ils tous faire du sport?
   ***
   Chacun peut faire du sport.

Dictée CD5–11

F. Une permission. Isabelle a une permission à demander à son père. Elle lui téléphone à son bureau, et, comme il est absent, elle laisse un long message sur son répondeur automatique. Écrivez son message. D'abord, écoutez le message en entier. Ensuite, chaque phrase sera lue deux fois. Enfin, tout le message sera répété pour que vous puissiez vérifier votre travail. Écoutez.

Papa? J'ai besoin de te parler. Tu as quelques minutes pour moi? Voilà, tu te souviens de mon amie Sophie, n'est-ce pas? Ses parents possèdent un chalet en Suisse et ils le lui laissent pendant deux semaines. Elle m'a demandé si je voulais l'y accompagner. Qu'en penses-tu? Est-ce que tu serais d'accord de me laisser y aller avec elle? Je devrai prendre le train seule mais, à mon avis, c'est moins cher et aussi plus sûr que de conduire. Bon, il faut que je m'en aille. J'ai un cours de physique à onze heures et je ne veux pas être en retard. Réfléchis-y!

Compréhension CD5–12

Un bulletin d'informations

Vous allez entendre les informations de huit heures de la station de radio Europe 1. D'abord, écoutez-en les grands titres.

Europe 1. Il est huit heures. Stéphane Deviliers. Bonjour.
Bonjour. Des accents à la Martin Luther King pour le nouveau Premier ministre qui dit: «Je rêve d'un pays où l'on se parle à nouveau, où la droite et la gauche ne se battent plus» … En Californie, la terre tremble. Trois séismes successifs ont frappé ce week-end le nord de la Californie. On compte une cinquantaine de blessés et 3 millions et demi de dollars de dégâts… Le dossier gare de Lyon: Quinze personnes trouvent la mort et près de quarante sont blessées dans la collision de deux trains de banlieue à la gare de Lyon. Le conducteur du train fou affirme avoir signalé des difficultés de freinage. Mais il dit aussi qu'un agent lui aurait donné l'ordre de continuer quand même… Vive le cinéma pour la douzième fête du cinéma aujourd'hui à travers toute la France. Un seul ticket pour faire toutes les salles. Profitez-en… Football: Demi-finale du championnat d'Europe entre l'Italie et l'Allemagne. Le meilleur joueur de l'équipe d'Italie est blessé et ne pourra probablement pas jouer…

Maintenant, arrêtez le CD et faites les exercices dans votre *Cahier*.

La politique intérieure CD5–13

Maintenant, écoutez le reportage sur le discours du nouveau Premier ministre.

Le Premier ministre fait son entrée pour son premier discours de politique générale, six semaines après les élections. Va-t-il dessiner là son style de gouvernement?

«Je rêve d'un pays où l'on se parle à nouveau, où la droite et la gauche ne se battent plus. Je rêve de villes où les tensions soient moindres. Je rêve d'une politique où l'on soit attentif à ce qui est dit plutôt qu'à qui le dit. Je rêve tout simplement d'un pays ambitieux dont tous les habitants redécouvrent le sens du dialogue, et pourquoi pas de la paix et de la liberté. Je suis de ceux qui croient que la liberté est possible pour tous. Ce qu'il faut faire, c'est penser et gouverner autrement.»

Maintenant, arrêtez le CD et faites l'exercice H dans votre *Cahier*.

Voici maintenant un autre reportage sur la politique française.

Une rumeur persistante: le gouvernement s'apprêterait à annoncer une hausse imminente des prix du gaz et de l'électricité de l'ordre de deux et demi pour cent. Les compagnies Électricité et Gaz de France voulaient d'ailleurs cette hausse dès le début de l'année, mais le gouvernement avait décidé de repousser les décisions à l'été. C'est-à-dire, après les élections présidentielles. Après la pause, la météo pour toute la France.

Europe 1, huit heures six.

Maintenant, arrêtez le CD et faites l'exercice I dans votre *Cahier*.

Coup de téléphone CD5–14

Dans ce chapitre, vous avez appris comment engager, continuer et terminer une conversation. Ici, Sabine est rentrée, le soir, avant Patrick, et elle reçoit un coup de téléphone de son amie. Écoutez leur conversation.

— Allô?
— Allô, Sabine?
— Oui.
— Bonsoir, c'est Anne-Françoise.
— Ah, salut, Anne-Françoise. Ça va?
— Ça va. Je te dérange?
— Ah, non, non, non, pas du tout, pas de problème.
— Ah, bon, d'accord. Écoute, je te téléphone parce que je me suis aperçue que ce film qu'on voulait voir depuis pas mal de temps
— Oui…
— … il passe en ce moment au Gaumont Ambassade, et demain c'est le dernier jour.
— Oh là là, toi, euh, tu sais à quelle heure?
— Ben, il y a plusieurs heures mais je crois que c'est six heures, et ensuite huit heures.
— Huit heures, ah ça m'arrangerait peut-être bien. Mais je voudrais être sûre. Il faut que je m'arrange avec Patrick, parce qu'il m'a dit que nous avons peut-être quelque chose à faire demain. Il va rentrer vers, je dirais, vers sept heures et demie. Est-ce que ça te dérangerait de me rappeler un peu après sept heures et demie?
— Non.
— D'accord, comme ça je lui demanderai, parce que moi, j'aimerais bien y aller.
— D'accord.
— Eh bien, alors, si tu peux me téléphoner…
— Bon, après sept heures et demie, et jusqu'à quelle heure?
— Oh, ben, écoute, on va dormir tôt mais ça ne fait rien, jusqu'à huit heures et demie, quelque chose comme ça.
— D'accord.
— Ça va?
— Vous vous couchez tôt, hein?
— Ben, on se couche très tôt, oui.
— D'accord. Allez, à tout à l'heure.
— À tout à l'heure. Au revoir, hein? Merci. Au revoir.
— Au revoir.

Maintenant, arrêtez le CD et faites l'exercice J dans votre *Cahier*.

Chapitre 7 Qui vivra verra

Phonétique CD5-15

Le [r] français

Le [r] français se prononce très en arrière de la bouche, pratiquement dans la gorge.

A. Écoutez les mots suivants en vous concentrant sur la prononciation du [r] dans les différentes positions d'un mot; puis répétez-les à votre tour.

au début du mot:

| retraite | réussite | remplir | rénové | retirer |

Maintenant, répétez:

| retraite | réussite | remplir | rénové | retirer |
| *** | *** | *** | *** | *** |

à la fin du mot:

| avenir | employeur | infirmière | horaire | salaire |

Maintenant, répétez:

| avenir | employeur | infirmière | horaire | salaire |
| *** | *** | *** | *** | *** |

après une consonne:

| prendre | promotion | malgré | crédit | emprunter |

Maintenant, répétez:

| prendre | promotion | malgré | crédit | emprunter |
| *** | *** | *** | *** | *** |

entre deux voyelles:

| irai | aurait | seront | sauras | ferais |

Maintenant, répétez:

| irai | aurait | seront | sauras | ferais |
| *** | *** | *** | *** | *** |

B. Maintenant, écoutez les phrases suivantes avant de les répéter.

1. Je viendrai mardi soir, c'est promis!
   ***
2. Vous pourriez en parler à la locataire.
   ***
3. Croyez-moi! Cette infirmière aura un autre horaire la semaine prochaine!
   ***
4. Lorsque tu arriveras, tous les autres seront déjà partis.
   ***

Les liaisons interdites CD5-16

La liaison doit absolument être évitée entre certains mots. Examinez les cas présentés ci-dessous. (Voir la suite au **chapitre 8**.)

On ne fait pas la liaison entre:

- un nom propre + un mot commençant par un son vocalique:

  Exemples: Bertrand / est grand.   Denis / et Virginie

- la conjonction **et** + un mot commençant par un son vocalique:

  Exemples: Jacques et / Alice   un frère et / une sœur

- un nom se terminant par une consonne + un mot commençant par un son vocalique:

  Exemple: Ce garçon / aime manger.

Notez particulièrement un nom pluriel + un verbe commençant par un son vocalique:

Exemples: Mes sœurs / habitent seules.   Mes parents / ont peur pour elles.

C. Écoutez les groupes de mots suivants. Répétez-les en prenant soin de ne pas faire de liaison interdite.

un monsieur agréable
***
deux chevaux énervés
***
Charles a peur.
***

Georges et Annie
***
un croissant et un café
***
Les portes ouvrent mal.
***

D. Maintenant, écoutez et répétez les phrases suivantes.

1. Albert a pris un croissant et un lait au miel.
   ***
2. Bertrand et Georges habitent chez leurs amis.
   ***
3. Les animaux approchent et ils leur donnent à manger.
   ***
4. Un étudiant intelligent apprendra et inventera plus.
   ***
5. Ces gens ont appris que leurs amis avaient attendu longtemps.
   ***
6. Marc et Éric arrivent avec des valises assurées.
   ***

Leçon 1   CD5–17

Conversation

A. Dire ce qu'on va faire. Maintenant, écoutez la Conversation (manuel, **chapitre 7**, leçon 1) en prêtant attention aux expressions pour parler de ce qu'on va faire.

[Conversation text appears on textbook page 261.]

B. Répétez les phrases. Écoutez et répétez ces phrases tirées de la conversation.

1. Lorsque je terminerai ma formation, j'aurai fait sept années d'études.
   ***
2. Il me semble que j'aurai plus de temps libre.
   ***
3. Je verrai…
   ***
4. Nous allons au cinéma ce soir.
   ***

C. Une réponse appropriée. Écoutez chaque mini-conversation et choisissez entre les deux expressions données, la réponse appropriée. Dites-la à haute voix.

1. [Voice 1] Dis, tu vas à la fête d'anniversaire de Monique?
   [Voice 2] Oui…
   ***
   Oui, on ne m'empêchera pas d'y aller.
2. [Voice 1] Tiens, tu vas en cours cet après-midi?
   [Voice 2] Euh… peut-être…
   ***
   Je ne suis pas sûr(e).
3. [Voice 1] Tu vas au match de foot ce soir?
   [Voice 2] Non, probablement pas…
   ***
   Je n'ai vraiment pas envie d'y aller.

4. [Voice 1] Tu vas changer d'appartement cet automne?
   [Voice 2] Non!
   ***
   Ça m'étonnerait que je change d'appartement.

5. [Voice 1] Dis, tu pars ce week-end, toi?
   [Voice 2] Oui, probablement.
   ***
   J'aimerais aller au bord de la mer.

La grammaire à apprendre CD5–18
L'usage du futur

D. Quand tu auras 18 ans. Vous êtes majeur(e) mais votre frère ou sœur ne l'est pas. Vous lui racontez ce que vous pouvez faire maintenant que vous êtes majeur(e) mais vous le/la rassurez qu'il/elle pourra faire les mêmes choses un jour aussi.

MODÈLE: Vous entendez: Tu sors tous les soirs?
Vous répondez: ***Oui, et quand tu auras 18 ans, tu sortiras tous les soirs aussi.***
Vous entendez la confirmation: Oui, et quand tu auras 18 ans, tu sortiras tous les soirs aussi.

1. Tu bois quelquefois du vin et de la bière?
   ***
   Oui, et quand tu auras 18 ans, tu boiras du vin et de la bière aussi.

2. Tu sais conduire la voiture de maman?
   ***
   Oui, et quand tu auras 18 ans, tu sauras conduire la voiture de maman aussi.

3. Tu peux maintenant voter aux élections?
   ***
   Oui, et quand tu auras 18 ans, tu pourras voter aux élections aussi.

4. Tu cherches ton propre appartement?
   ***
   Oui, et quand tu auras 18 ans, tu chercheras ton propre appartement aussi.

5. Tu vas à l'université?
   ***
   Oui, et quand tu auras 18 ans, tu iras à l'université aussi.

6. Tu comptes voyager seul(e) pendant les vacances?
   ***
   Oui, et quand tu auras 18 ans, tu compteras voyager seul(e) pendant les vacances aussi.

E. Je ne m'en ferai pas! Vous et un ami, vous parlez de l'avenir. Votre ami est pessimiste tandis que vous êtes plutôt optimiste. Répondez à ses questions d'après le modèle et en utilisant les éléments donnés ci-dessous.

MODÈLE: Vous lisez: ne pas m'en faire
Vous entendez: Si tu n'as pas d'entretiens?
Vous répondez: ***Si je n'ai pas d'entretiens, je ne m'en ferai pas!***
Vous entendez la confirmation: Si je n'ai pas d'entretiens, je ne m'en ferai pas!

1. Si tu ne réussis pas à tes examens en juin?
   ***
   Si je ne réussis pas à mes examens en juin, je les repasserai en automne.

2. Si tu perds ton emploi?
   ***
   Si je perds mon emploi, j'en trouverai un autre.

3. S'il n'y a pas de travail dans ton métier?
   ***
   S'il n'y a pas de travail dans mon métier, je changerai de métier.

4. Si tu as de graves problèmes de santé?
   ***
   Si j'ai de graves problèmes de santé, j'arrêterai de travailler.

5. Si tu es au chômage?
   ***
   Si je suis au chômage, j'aurai l'allocation de chômage.

Le futur antérieur CD5-19

F. La diseuse de bonne aventure. Vous êtes diseur (diseuse) de bonne aventure. Une jeune femme vient vous voir pour apprendre ce qui lui arrivera. Vous répondez à toutes ses questions à l'affirmatif mais, en même temps, vous la prévenez de ce qui devra avoir lieu avant qu'elle ne voie la réalisation de ses rêves.

Modèle: Vous lisez: travailler dur
         Vous entendez: Est-ce que je deviendrai riche?
         Vous répondez: *Oui, mais avant de devenir riche, vous aurez travaillé dur.*

1. Est-ce que je trouverai un poste intéressant?
   ***
   Oui, mais avant de trouver un poste intéressant, vous aurez changé de métier plusieurs fois.

2. Est-ce que j'aurai la sécurité de l'emploi?
   ***
   Oui, mais avant d'avoir la sécurité de l'emploi, vous aurez été longtemps au chômage.

3. Est-ce que je réussirai professionnellement?
   ***
   Oui, mais avant de réussir professionnellement, vous vous serez isolée dans votre ambition.

4. Est-ce que je m'établirai quelque part?
   ***
   Oui, mais avant de vous établir quelque part, vous serez allée autour du monde.

5. Est-ce que j'aurai une belle maison?
   ***
   Oui, mais avant d'avoir une belle maison, vous aurez habité une petite maison moche.

6. Est-ce que je tomberai amoureuse de quelqu'un de bien?
   ***
   Oui, mais avant de tomber amoureuse de quelqu'un de bien, vous vous serez passée longtemps de l'amour.

7. Est-ce que je serai heureuse?
   ***
   Oui, mais avant d'être heureuse, vous aurez été malheureuse.

Leçon 2 CD6-2

Conversation

A. Hypothèses et suggestions. Maintenant, écoutez la Conversation (manuel, **chapitre 7**, leçon 2) en prêtant attention aux expressions pour faire une hypothèse, conseiller, suggérer et avertir.

[Conversation text appears on textbook pages 272–273.]

B. Répétez les phrases. Écoutez et répétez ces phrases tirées de la conversation.

1. Si j'étais toi, je chercherais plutôt une chambre.
   ***
2. Mais pourquoi ne pas vivre entre étudiants?
   ***
3. J'ai une idée.
   ***
4. Tu pourrais aller à l'église américaine.
   ***
5. Je te conseille vraiment d'y aller.
   ***
6. Tu as pensé aussi à aller à la bibliothèque?
   ***

7. Tu ferais mieux peut-être d'habiter une chambre à la Cité-U.
   ***
8. Tiens! Ce sont de très bonnes idées!
   ***

La grammaire à apprendre CD6–3
Les phrases conditionnelles

C. Si je vivais à Paris. Que feriez-vous si vous aviez la chance de vivre à Paris pendant un an? Craig a tout prévu pour une pareille éventualité. Aidez-le à formuler ses réponses en suivant le modèle et en utilisant les éléments donnés.

MODÈLE: Vous lisez: sur les Champs-Élysées
　　　　Vous entendez: Où est-ce que tu habiterais?
　　　　Vous répondez: *Si je vivais à Paris, j'habiterais sur les Champs-Élysées.*

1. Où mangerais-tu?
   ***
   Si je vivais à Paris, je mangerais dans les meilleurs restaurants.
2. Quand est-ce que tu sortirais?
   ***
   Si je vivais à Paris, je sortirais tous les soirs.
3. À quelle heure est-ce que tu te coucherais?
   ***
   Si je vivais à Paris, je me coucherais à trois heures du matin.
4. Où ferais-tu tes courses?
   ***
   Si je vivais à Paris, je ferais mes courses aux Galeries Lafayette.
5. À quelle église est-ce que tu irais?
   ***
   Si je vivais à Paris, j'irais à Notre-Dame.
6. Et quel moyen de transport est-ce que tu prendrais?
   ***
   Si je vivais à Paris, je prendrais des taxis.

D. Les vacances. Les Marchand se disputent toujours quand il s'agit des vacances. Jouez les rôles des différents membres de la famille en répondant aux questions suivantes. Employez le conditionnel et les expressions données.

MODÈLE: Vous lisez: louer une villa au bord de la mer
　　　　Vous entendez: Martine, si tu avais le choix, qu'est-ce que tu ferais?
　　　　Vous répondez: *Si j'avais le choix, je louerais une villa au bord de la mer.*

1. Marc, si tu avais le choix, qu'est-ce que tu ferais?
   ***
   Si j'avais le choix, je skierais dans les Alpes.
2. Sophie, si tu avais le choix, où irais-tu?
   ***
   Si j'avais le choix, j'irais à l'étranger.
3. Chéri, si tu avais le choix, dans quelle sorte d'hôtel est-ce que tu descendrais?
   ***
   Si j'avais le choix, je descendrais dans un hôtel de luxe.
4. Marc, si tu avais le choix, quel sport tu ferais?
   ***
   Si j'avais le choix, j'apprendrais à faire du ski nautique.
5. Chérie, si tu avais le choix, quelles seraient les vacances idéales?
   ***
   Si j'avais le choix, je me reposerais beaucoup.
6. Jessica, si tu avais le choix, qu'est-ce que tu ferais?
   ***
   Si j'avais le choix, je ferais du camping dans les Pyrénées.

Leçon 3 CD6–4

Conversation

A. Faire des concessions. Maintenant, écoutez la Conversation (manuel, **chapitre 7**, leçon 3) en prêtant attention aux expressions pour faire des concessions.

[Conversation text appears on textbook page 281.]

B. Répétez les phrases. Écoutez et répétez ces phrases tirées de la conversation.

1. Mais les gens ne vont quand même pas te refuser les soins élémentaires.
   * * *
2. C'est quand même incroyable que…
   * * *
3. … malgré toutes les richesses des États-Unis…
   * * *
4. … tout le monde n'ait pas accès à une assurance-maladie minimale.
   * * *
5. Les États-Unis, c'est tout de même un pays…
   * * *
6. qui a extrêmement peur…
   * * *
7. de tout ce qui est socialiste.
   * * *

C. Compréhension orale. Vous entendrez une phrase avec une conjonction. Regardez les deux conjonctions données. Puis, refaites la phrase en remplaçant la conjonction que vous avez entendue par la conjonction qui a à peu près le même sens. Vous entendrez la confirmation après.

1. Nous ferons des investissements pourvu que l'économie s'améliore.
   * * *
   Nous ferons des investissements à condition que l'économie s'améliore.
2. Le chef de bureau parlera aux employés afin de les motiver.
   * * *
   Le chef de bureau parlera aux employés pour les motiver.
3. Nous baisserons les prix de peur que la concurrence ne nous prenne des clients.
   * * *
   Nous baisserons les prix de crainte que la concurrence ne nous prenne des clients.
4. On a construit un restaurant du cœur pour que les sans-abri dans notre ville puissent avoir de quoi manger.
   * * *
   On a construit un restaurant du cœur afin que les sans-abri dans notre ville puissent avoir de quoi manger.
5. Quoique le président reste optimiste, l'économie va de mal en pis.
   * * *
   Bien que le président reste optimiste, l'économie va de mal en pis.

La grammaire à apprendre CD6–5
Le subjonctif après les conjonctions

D. En voyage. Christiane et Pierre ont prévu un voyage d'une semaine en Touraine mais ils ont des problèmes. Formulez les plans qu'ils élaborent pour remédier à ces problèmes en utilisant le subjonctif après les conjonctions données.

MODÈLE: Vous lisez: Je toucherai un chèque s'il y a de l'argent sur mon compte.
Vous entendez: à moins que
Vous dites: ***Je toucherai un chèque à moins qu'il n'y ait pas d'argent sur mon compte.***

1. à condition que
   * * *
   Nous partirons à condition que la banque me donne un prêt.

2. pourvu que
   ***
   Nous arriverons demain soir pourvu que je puisse quitter mon travail tôt.
3. quoique
   ***
   Nous nous amuserons quoique nous n'ayons plus beaucoup d'argent.
4. bien que
   ***
   Nous prendrons la voiture bien que ça coûte plus cher.
5. à moins que
   ***
   Je ne partirai pas ce week-end à moins que ma santé ne s'améliore.

Dictée   CD6–6

E. Un avenir incertain. Les étudiants français doivent réfléchir très tôt à leur avenir. Écoutez Patrick, jeune lycéen de dix-sept ans, et écrivez ce qu'il dit. D'abord, écoutez ce qu'il dit en entier. Ensuite, chaque phrase sera lue deux fois. Enfin, le passage entier sera répété pour que vous puissiez vérifier votre travail. Écoutez.

Je me fais déjà du souci pour mon avenir. L'année prochaine, je passerai mon baccalauréat. Si tout va bien, j'irai à l'université. Mais il faudra que je trouve un travail à mi-temps et cela ne sera sûrement pas facile. Je pourrai faire une demande à l'agence pour l'emploi pour essayer d'obtenir un boulot assez bien payé. Si je ne peux pas trouver d'emploi, mes parents devront m'aider financièrement jusqu'à ce que je finisse mes études dans quatre ans. J'espère qu'ils pourront m'aider, sinon que ferai-je?

Compréhension   CD6–7

Travailler pour une société américaine

Dans ce chapitre, vous avez appris à parler de la carrière et de la vie économique. Vous allez entendre une interview avec un homme qui travaille pour une compagnie américaine très connue. Vous devez le présenter à quelqu'un après l'interview. Écoutez l'interview pour en apprendre le plus possible sur cet homme et sa compagnie.

— Bonjour, Philippe Bonny. Merci de vous joindre à nous.
— Bonjour. Ravi d'être des vôtres.
— Laissez-moi, tout d'abord, vous demander: quelle est votre nationalité?
— Je suis français.
— Vous êtes de Paris?
— Je ne suis pas parisien d'origine, mais j'habite à Paris depuis plus de dix ans.
— Et quelle est votre profession?
— Je suis cadre financier dans une entreprise.
— Pour quelle société travaillez-vous?
— Je travaille pour la filiale française du groupe américain Nike.
— Pourriez-vous décrire, s'il vous plaît, votre société?
— C'est... la filiale de distribution. C'est-à-dire, en fait, nous importons pour la France et les territoires d'influence française, les articles de sport produits par la firme Nike. Des articles comme les chaussures de sport, par exemple.
— Est-ce que vous fabriquez des produits pour tous les sports?
— Tous les sports, oui. Bon, Nike est surtout présent en France en running, en tennis, en basket, un petit peu en sports d'équipe. Mais de toute façon, la filiale française est à l'image de la maison mère américaine.
— Et quelle est la chaussure la plus vendue?
— Euh, le modèle le plus vendu, actuellement, c'est probablement la série «Air Trainer» qui, je crois, marchait bien aussi aux États-Unis.
— Est-ce que vous exportez vos produits vers d'autres pays? Où...
— Notre vocation est d'importer, donc nous n'exportons pas au sens strict... mais nous servons les territoires et les départements français d'outre-mer, comme par exemple, la Guadeloupe, la Martinique, la Réunion et puis au cas par cas, c'est-à-dire, si une opération ponctuelle se présente, les anciennes colonies françaises, en Afrique évidemment.
— Vous avez combien d'employés ici?
— 115.

—Vous avez dit que vous êtes directeur administratif et financier. Est-ce que vous pourriez un peu décrire vos responsabilités?

—Oui, c'est une responsabilité assez classique de moyenne entreprise en France. C'est-à-dire que la structure étant petite, je couvre beaucoup de choses en fait; mais parce que les effectifs sont réduits et parce que les problèmes posés ne sont pas forcément très importants, donc, ça couvre: comptabilité, trésorerie, la gestion financière, au sens large, l'informatique, les fonctions personnel, l'administration des ventes, la logistique aussi, marchandise, transports et stockage. Donc, c'est une longue liste. Mais comme c'est une petite affaire, c'est normal que les fonctions soient groupées.

—En effet, cette liste de responsabilités est impressionnante. Mais cela n'a pas l'air de vous déplaire. Merci de vous être joint à nous et d'avoir répondu à nos questions.

Maintenant, arrêtez le CD et faites les exercices dans votre *Cahier*.

La garde des enfants   CD6–8

Ce chapitre a abordé le sujet des carrières professionnelles. Maintenant, Sophie, une amie française, vous décrit les problèmes des femmes qui travaillent et de la garde de leurs enfants. Écoutez ce qu'elle dit.

Dans beaucoup d'écoles il y a une garderie pour les tout petits enfants, de huit heures du matin jusqu'à sept heures du soir. Mais les places sont très limitées. Alors, il faut, bien sûr, travailler à plein temps, ne pas avoir de famille, pas de grand-mère, les choses comme ça, et puis un salaire bas. Parce qu'il y a les crèches, mais les crèches ne prennent pas les enfants qui ont plus de deux ans. À trois ans, l'école est obligée de prendre les enfants. S'il a trois ans, la directrice est obligée de le prendre. Moi, tu vois, mon enfant ne pourra pas aller à l'école avant l'année prochaine, dans un an seulement, parce qu'il aura trois ans.

Ici, il y a beaucoup de systèmes de nourrices. Ce sont des femmes qui gardent des enfants chez elles. Alors, il y a un contrôle par la sécurité sociale parce qu'elles reçoivent un salaire et aussi elles sont suivies sur le plan médical, bien sûr, pour être sûr qu'elles ne sont pas malades, et puis il y a un contrôle pour voir si les conditions de vie sont correctes. Mais souvent c'est terrible parce qu'elles gardent cinq, six enfants en même temps dans de tout petits appartements. Alors, les enfants, ils sont bien nourris, ça c'est sûr, mais on ne s'en occupe pas. Autrefois, quand je travaillais comme médecin interne, enfin pendant un an, j'étais avec le médecin généraliste du premier étage de ma résidence et on allait en visite dans des appartements absolument terribles, très, très pauvres. Il y avait des nourrices, des dames, comme ça, qui gardaient des enfants. Mais, c'était absolument affreux, affreux.

Moi, je ne mettrais jamais mon enfant en nourrice. Par contre, les crèches, les crèches municipales sont très, très bien. Mais là aussi, le nombre de places est limité, et c'est toujours en priorité pour les gens défavorisés. Alors, moi, de toute façon, c'est pas compliqué. Je n'ai droit à rien. Je ne peux pas mettre mon enfant à une crèche parce qu'on a trop de revenu. On ne peut pas le mettre à deux ans à l'école parce que je ne travaille pas à plein temps. Alors, rien à faire. Au début, j'avais cherché une nourrice pour s'occuper de mon enfant pendant les deux demi-journées où je travaille. Mais la nourrice a dit: «Non, non, non, ça ne rapporte pas assez d'argent. Je veux un enfant du lundi au vendredi.» C'est pour ça que c'est maman qui est venue le garder, maman et la femme de ménage. Tous les gens qui ont suffisamment d'argent, en fait, prennent quelqu'un à domicile qui fait le ménage et garde les enfants.

Maintenant, arrêtez le CD et faites les exercices dans votre *Cahier*.

Chapitre 8   La vie n'est jamais facile

Phonétique   CD6–9

Les sons vocaliques [i] et [a]

Pour produire la voyelle française [i], gardez les lèvres tendues et souriez! Le son [i] est similaire au son dans le mot anglais *me,* mais il est plus bref et plus tendu. Écoutez, puis répétez les mots suivants qui contiennent tous le son [i].

ici	vit	suivi	souris	Yvelines	discipline	abîme
***	***	***	***	***	***	***

A. Maintenant, écoutez et répétez les phrases suivantes.

1. Minnie est arrivée ici avec une amie.
   ***
2. Sylvie vit près de Paris, dans les Yvelines.
   ***
3. L'ivrogne a fini sa vie dans l'abîme.
   ***

Il faut arrondir la bouche pour prononcer le [a] français. Imaginez que vous êtes chez le médecin et que vous faites un *ah!* bref. Considérez maintenant le son [a] dans les mots suivants. Écoutez et répétez.

| papa | assis | Cannes | canapé | patte | hâte | véranda |
| *** | *** | *** | *** | *** | *** | *** |

B. Écoutez et répétez les phrases suivantes.

1. Papa est assis sur le canapé de la véranda.
   ***
2. Charles habite à Cannes mais le climat ne lui va pas.
   ***
3. Le chat a mal à la patte.
   ***

C. Continuez à pratiquer les sons [i] et [a] en lisant le paragraphe suivant. Écoutez-le d'abord. Lisez ensuite les phrases à haute voix.

Sylvana est très amicale avec les animaux abandonnés de l'abri. Elle a pris l'habitude d'y aller chaque après-midi à quatre heures. Sa vie à Paris est si triste car elle n'a ni chien ni chat qui la fasse sourire. Sa maman lui a appris qu'elle va lui offrir un petit chat pour son anniversaire.

Maintenant, lisez les phrases à haute voix.
***

Les liaisons interdites (SUITE) CD6–10

Voici d'autres cas de liaison interdite:

- **ils, elles, on** dans une inversion + un participe passé ou un infinitif commençant par un son vocalique:
  Exemples: Ont-ils / eu une bonne note?
  Vont-elles / être jalouses?
  Est-on / aidé par les professeurs?

- un article + un mot commençant par un **h** aspiré (**h** traité comme une consonne):
  Exemples: les / haricots verts
  un / Hollandais d'Amsterdam
  des / hamacs confortables

- un adverbe interrogatif se terminant par une consonne + un verbe commençant par un son vocalique:
  Exemples: Quand / arriverez-vous demain?
  Comment / êtes-vous venus?
  Combien / avez-vous payé?

D. Écoutez les phrases suivantes et répétez-les en prenant soin de ne pas faire de liaisons interdites.

1. Un Hollandais mange des haricots verts.
   ***
2. Quand as-tu fini?
   ***
3. M'ont-ils aperçue?
   ***
4. Sont-ils arrivés à l'heure?
   ***

5. Suzanne et Arnaud ont-ils eu un hamac en cadeau de mariage?
   ***
6. Tes amies vont-elles aller aussi en Suisse?
   ***
7. Quand aimerais-tu aller en vacances?
   ***

Leçon 1 CD6–11

Conversation

A. Expressions pour se plaindre et s'excuser. En français, il y a plusieurs expressions pour se plaindre et s'excuser. Écoutez la Conversation (manuel, **chapitre 8**, leçon 1) en prêtant attention à ces expressions.
[Conversation text appears on textbook page 304.]

B. L'intonation des phrases. Maintenant, écoutez et répétez les phrases suivantes. Imitez l'intonation de la phrase en répétant les expressions qu'on utilise pour se plaindre et s'excuser.

1. Bonjour, madame. Excusez-moi, mais je vous ramène ce pantalon.
   ***
2. Je compte sur vous maintenant que vous avez vu ce qu'il en est.
   ***
3. Je regrette de vous rapporter du travail, mais...
   ***
4. Je suis vraiment désolé(e).
   ***
5. Écoutez, ne vous inquiétez pas. Je vais m'en occuper.
   ***
6. Nous allons nettoyer le pantalon et rectifier l'erreur.
   ***
7. Eh bien, écoutez, je vous remercie.
   ***
8. Vous pouvez compter sur moi.
   ***

C. La bonne réponse. Quand on se plaint, on n'est pas toujours satisfait des résultats de la plainte. Écoutez les mini-conversations suivantes, et dites si la personne qui se plaint sera satisfaite ou non des résultats de sa plainte.

1. — Bonjour, monsieur. Je ne suis pas du tout content de la couleur de ce pantalon. Je voudrais l'échanger.
   — Je suis désolé, monsieur, mais nous n'en avons plus.
2. — Je regrette de vous déranger, mais ça fait trois fois que je vous rapporte ma voiture pour faire réparer les phares, et ils ne marchent toujours pas.
   — Malheureusement, l'ancien garagiste est parti, et le nouveau propriétaire n'assume pas la responsabilité des réparations faites par son prédécesseur. Je ne peux rien faire pour vous, madame.
3. — S'il vous plaît, mademoiselle, regardez l'addition. Il y a une erreur.
   — Je suis navrée, madame. Je vais m'en occuper tout de suite.
4. — Écoute, tu pourrais baisser le son de ta stéréo?
   — Oh, pardon! Excuse-moi, je ferai plus attention à l'avenir, je te l'assure.

La grammaire à apprendre CD6–12
La négation

D. Une vendeuse aux Galeries Lafayette. Caroline adore son travail aux Galeries Lafayette. Sa collègue se plaint sans arrêt et la contredit toujours. Jouez son rôle et contredisez Caroline à votre tour en utilisant les expressions négatives suivantes.

MODÈLE: Vous lisez: mon travail / ne... guère
Vous entendez: Mon travail est passionnant.
Vous répondez: ***Mon travail n'est guère passionnant.***

1. Je suis vendeuse aux Galeries Lafayette.
   ***
   Je ne suis que vendeuse aux Galeries Lafayette.

2. Aujourd'hui, j'ai parlé à plusieurs clientes.
   ***
   Aujourd'hui, je n'ai parlé à aucune cliente.

3. J'ai vendu beaucoup de choses.
   ***
   Je n'ai rien vendu.

4. Hier, le chef de rayon m'a complimentée.
   ***
   Hier, personne ne m'a complimentée.

5. Elle m'a invitée à une conférence sur le marketing.
   ***
   Elle ne m'a invitée nulle part.

6. Je vais recevoir une promotion et une augmentation de salaire.
   ***
   Je ne vais recevoir ni promotion ni augmentation de salaire.

E. À la station-service. Votre sœur vous demande ce qui s'est passé quand vous avez fait réparer votre voiture à la station-service. Répondez à ses questions en suivant le modèle et en utilisant les expressions négatives suivantes.

MODÈLE: Vous lisez: ne... rien
Vous entendez: Qu'est-ce que le mécanicien a fait?
Vous répondez: *Il n'a rien fait.*

1. Est-ce que le mécanicien a essayé de réparer ta voiture?
   ***
   Non, il n'a pas du tout essayé de réparer ma voiture.

2. Est-ce que le mécanicien et son patron ont compris le problème?
   ***
   Non, ni le mécanicien ni son patron n'ont compris le problème.

3. Est-ce que tu étais déjà allé(e) à cette station-service?
   ***
   Non, je n'étais jamais allé(e) à cette station-service.

4. Qui t'a téléphoné pour te dire que la voiture était prête?
   ***
   Personne ne m'a téléphoné pour me dire que la voiture était prête.

5. Tu as reçu une facture de réparation?
   ***
   Non, je n'ai reçu aucune facture de réparation.

6. Où tu vas ce soir sans ta voiture?
   ***
   Je ne vais nulle part ce soir sans ma voiture.

7. Tu as encore de la patience?
   ***
   Non, je n'ai plus de patience!

Leçon 2

Conversation CD6-13

A. Demander, donner ou refuser la permission. En français, il y a plusieurs expressions pour demander, donner ou refuser la permission — implicitement ou explicitement. Écoutez la Conversation (manuel, **chapitre 8**, leçon 2) en prêtant attention à ces expressions.

[Conversation text appears on textbook page 315.]

B. L'intonation des phrases. Maintenant, écoutez et répétez les phrases suivantes. Imitez l'intonation de la phrase en répétant les expressions qu'on utilise pour demander, donner ou refuser la permission.

1. Je voulais rentrer tôt ce soir, mais, justement, j'ai un petit problème…
   ***
2. Le patron me demande de dîner avec eux ce soir. Ça ne t'embête pas?
   ***
3. Si! Ça m'embête.
   ***
4. Je ferai quelque chose de spécial… Ce n'est vraiment pas possible ce soir.
   ***
5. Bon, je comprends… puisque tu n'y peux rien.
   ***
6. Euh, est-ce que vous permettez que je fume pendant que je travaille?
   ***
7. Je suis désolé(e), mais ce n'est pas possible.
   ***

C. La bonne réponse. On vous demande la permission de faire certaines choses. Comment répondez-vous? Choisissez la réponse que vous donneriez dans chaque situation.

1. Ça t'embête si je mets de la musique pendant que nous étudions?
2. Est-ce que vous me permettez de fumer ici?
3. Est-ce qu'il serait possible que je laisse ma voiture chez vous pendant mon voyage?

La grammaire à apprendre CD6–14
Prépositions exigées par certains verbes

D. Une fille obéissante. Marie-Hélène est une fille très bien élevée qui demande toujours la permission pour faire quoi que ce soit. Jouez le rôle d'une mère indulgente et donnez-lui la permission de faire tout ce qu'elle veut.

MODÈLE: Vous entendez: Est-ce que je peux aider Suzanne à faire ses devoirs?
   Vous répondez: *Oui, tu peux aider Suzanne à faire ses devoirs.*

1. Est-ce que je peux aller au cinéma si je finis d'étudier bientôt?
   ***
   Oui, tu peux aller au cinéma si tu finis d'étudier bientôt.
2. Est-ce que je peux dire à mes amis de venir à la maison cet après-midi?
   ***
   Oui, tu peux dire à tes amis de venir à la maison cet après-midi.
3. Ça te dérange si je me mets à chanter?
   ***
   Non, ça ne me dérange pas si tu te mets à chanter.
4. Est-ce que je peux apprendre à jouer du piano?
   ***
   Oui, tu peux apprendre à jouer du piano.
5. Puis-je inviter mes amis à dîner samedi soir?
   ***
   Oui, tu peux inviter tes amis à dîner samedi soir.
6. Est-ce que tu me permets de regarder la télé avec Papa et toi?
   ***
   Oui, je te permets de regarder la télé avec Papa et moi.
7. Ça ne te dérange pas si je promets de faire du baby-sitting?
   ***
   Non, ça ne me dérange pas si tu promets de faire du baby-sitting.
8. Ça ne t'embête pas que je désire être astronaute?
   ***
   Non, ça ne m'embête pas que tu désires être astronaute.

E. Conversations. Vous parlez avec une amie au café, mais elle ne fait pas très attention à ce que vous dites. Chaque fois qu'elle vous pose une question, vous répétez ce que vous venez de dire en utilisant les expressions données ci-dessous. Ajoutez une préposition, si c'est nécessaire, pour relier vos deux phrases. Suivez le modèle.

MODÈLE: Vous lisez: Oui, elle apprend…
Vous entendez: Elle nage dans une piscine, tu as dit?
Vous répondez: *Oui, elle apprend à nager dans une piscine.*

1. Vous sortez tous les soirs, tu as dit?
   ***
   Non, mais nous rêvons de sortir tous les soirs.

2. Frank a fait ses devoirs, tu as dit?
   ***
   Non, Frank a oublié de faire ses devoirs.

3. Le bébé marche vite, tu as dit?
   ***
   Eh bien, le bébé essaye de marcher vite.

4. Ton père réussit tout ce qu'il fait, tu as dit?
   ***
   Eh bien, mon père veut réussir tout ce qu'il fait.

5. Elles ne vont pas en voyage, tu as dit?
   ***
   C'est ça, elles ont choisi de ne pas aller en voyage.

6. Tu parles anglais maintenant, tu as dit?
   ***
   Eh bien, je me mets à parler anglais maintenant.

7. Il part l'année prochaine, tu as dit?
   ***
   Euh, il espère partir l'année prochaine.

Les prépositions et les noms géographiques CD6–15

F. Où habitez-vous? Regardez la liste des endroits géographiques ci-dessous. Puis écoutez les descriptions et dites les noms des villes et des régions ou des pays où chaque personne habite. Suivez le modèle. (Attention! Les noms géographiques ne sont pas donnés dans le bon ordre!)

MODÈLE: Vous entendez: Jean peut visiter la tour Eiffel.
Vous répondez: *Il habite à Paris, en France.*

1. Arnaud boit souvent du cidre normand.
   ***
   Il habite en Normandie, en France.

2. Stephen travaille à Disney World tous les étés.
   ***
   Il habite en Floride, aux États-Unis.

3. Nicolas aperçoit le Kremlin de sa fenêtre.
   ***
   Il habite à Moscou, en Russie.

4. Naoko aime boire du thé et manger du poisson cru.
   ***
   Elle habite à Tokyo, au Japon.

5. Hans boit de la bière pendant la célèbre Oktoberfest.
   ***
   Il habite à Munich, en Allemagne.

6. Christophe est un jeune Canadien français.
   ***
   Il habite à Québec, au Québec.

7. Cora parle français dans son île.
   ***
   Elle habite à Fort-de-France, à la Martinique.

8. Hilary veut t'emmener voir le palais de Buckingham.
   ***
   Elle habite à Londres, en Angleterre.

9. Geraldo parle espagnol dans son île.
   ***
   Il habite à La Havane, à Cuba.

10. Constanza sert des tacos dans le restaurant de ses parents.
    ***
    Elle habite à Acapulco, au Mexique.

G. Les globe-trotters. Nous sommes à l'aéroport de Marseille, où plusieurs jeunes touristes parlent de leurs voyages. Terminez les phrases que vous entendez en utilisant les éléments donnés. Faites tous les changements nécessaires.

MODÈLE: Vous lisez: je / préférer / Maroc
         Vous entendez: Je vais en Espagne mais...
         Vous dites: *Je vais en Espagne mais je préfère le Maroc.*

1. Nous préférons la France mais...
   ***
   Nous préférons la France mais nous allons aux États-Unis.

2. Je visite l'Italie et ensuite...
   ***
   Je visite l'Italie et ensuite je retourne aux Antilles.

3. Nous allons en Californie et...
   ***
   Nous allons en Californie et nous venons du Texas.

4. Je voyage en France et puis...
   ***
   Je voyage en France et puis je vais aux Pays-Bas.

5. Ils viennent du Midi de la France mais...
   ***
   Ils viennent du Midi de la France mais ils aiment mieux l'Irlande.

6. Elle vient de Virginie et...
   ***
   Elle vient de Virginie et elle connaît bien les États-Unis.

7. Nous revenons du Japon et...
   ***
   Nous revenons du Japon et nous rentrons au Congo.

8. J'adore l'Afrique et...
   ***
   J'adore l'Afrique et je vais enfin au Cameroun.

Leçon 3 CD7–2

Conversation

A. Expliquer ou demander une explication. En français, il y a plusieurs expressions pour demander une explication ou pour expliquer quelque chose. Écoutez la Conversation (manuel, **chapitre 8**, leçon 3) en prêtant attention à ces expressions.

[Conversation text appears on textbook page 327.]

B. L'intonation des phrases. Maintenant, écoutez et répétez les phrases suivantes. Imitez l'intonation de la phrase en répétant les expressions qu'on utilise pour demander ou pour donner une explication.

1. Écoute, j'ai quelque chose d'absolument incroyable à te raconter!
   ***
2. Figure-toi que ce soir la nourrice, Brigitte, a dû être transportée à l'hôpital.
   ***

3. Je ne comprends pas. Qu'est-ce qui s'est passé?
   ***
4. Alors, qu'est-ce que ça veut dire pour nous?
   ***
5. Autrement dit, c'est moi qui dois m'occuper de ce problème!
   ***
6. C'est ce que tu veux dire?
   ***
7. On dirait que tu ne veux plus aucune responsabilité!
   ***
8. Oh, écoute! Tout ce que je te demande, c'est de téléphoner.
   ***

La grammaire à apprendre CD7–3
Les pronoms relatifs

C. On m'a volé ma voiture. Paul Marchand arrive au commissariat de police pour signaler le vol de sa voiture. Dans son affolement, il parle trop vite et l'inspecteur l'arrête pour lui poser des questions. Jouez le rôle de Paul, et répondez aux questions de l'inspecteur en utilisant les pronoms relatifs **qui** ou **lequel** (**laquelle**, etc.). Le début de votre réponse est donné entre parenthèses.

MODÈLE: Vous lisez: Ma voiture était dans un parking. Ce parking se trouve au centre-ville. (Elle était...)
Vous entendez: Votre voiture était dans quel parking?
Vous répondez: *Elle était dans le parking qui se trouve au centre-ville.*

1. Qui avait l'air bizarre?
   ***
   L'homme qui passait dans la rue avait l'air bizarre.
2. C'est quoi, «Auto-Soleil»?
   ***
   C'est l'assurance à laquelle je souscris.
3. Qui est Madame Poiriel?
   ***
   C'est la femme à qui j'ai parlé juste après le vol.
4. Comment était votre voiture?
   ***
   C'était une voiture qui était en très bon état.

Maintenant, utilisez les pronoms relatifs **que** ou **dont** dans vos réponses.

5. Quels papiers sont très importants?
   ***
   Les papiers que je dois signer sont très importants.
6. Qui voudriez-vous voir?
   ***
   Je voudrais voir le criminel dont vous m'avez parlé.
7. Qu'est-ce que vous pouvez identifier?
   ***
   Je peux identifier le sac que vous avez trouvé.
8. Vous en avez besoin, vous dites?
   ***
   Oui, c'est un sac dont j'ai très besoin.

Finalement, utilisez **ce qui** ou **ce que** dans vos réponses.

9. De quoi vos parents ne sont-ils pas au courant?
   ***
   Mes parents ne sont pas au courant de ce qui m'est arrivé.
10. Qu'est-ce que vous ne savez pas?
    ***
    Je ne sais pas ce que je devrais faire.
11. De quoi avez-vous peur?
    ***
    J'ai peur de ce qu'ils vont me dire.

D. Après le vol. Peu après le vol de la voiture, on en parle avec les parents de Paul, mais ils ne sont pas encore au courant des détails du crime. Jouez le rôle des parents, en utilisant **ce que** ou **ce qui** dans vos réponses.

MODÈLE: Vous entendez: Qu'est-ce qu'il y avait dans la voiture?
Vous répondez: *Nous ne savons pas ce qu'il y avait dans la voiture.*

1. Qu'est-ce qui s'est passé?
   ***
   Nous ne savons pas ce qui s'est passé.

2. Qu'est-ce que le criminel a pris?
   ***
   Nous ne savons pas ce que le criminel a pris.

3. Qu'est-ce qui était dans le coffre?
   ***
   Nous ne savons pas ce qui était dans le coffre.

4. Qu'est-ce qui est arrivé à Paul?
   ***
   Nous ne savons pas ce qui est arrivé à Paul.

5. Qu'est-ce que la police lui a dit?
   ***
   Nous ne savons pas ce que la police lui a dit.

6. Qu'est-ce que Paul va faire maintenant?
   ***
   Nous ne savons pas ce que Paul va faire maintenant.

E. Des précisions. Vous faites des recherches généalogiques sur une grand-tante française qui s'appelle Paulette Rivière. Un ami regarde vos notes et vous pose des questions sur la vie de Paulette. Répondez à ses questions en utilisant le pronom relatif **où**.

MODÈLE: Vous lisez: (ville)
Vous entendez: Quimper, c'est quoi?
Vous répondez: *C'est la ville où elle est née.*

1. L'école normale d'institutrices, c'est quoi?
   ***
   C'est l'école où elle a étudié.

2. Le 14 décembre, c'est quoi?
   ***
   C'est le jour où elle est née.

3. L'Italie, c'est quoi?
   ***
   C'est le pays où elle est morte.

4. Dinan, c'est quoi?
   ***
   C'est la ville où elle a travaillé comme enseignante.

5. 1921, c'est quoi?
   ***
   C'est l'année où elle s'est mariée.

6. Le Père Lachaise, c'est quoi?
   ***
   C'est le cimetière où elle est enterrée.

Dictée   CD7–4

F. Tout va mal. Julien décrit sa journée à son ami Paul. Écoutez sa description, puis transcrivez-la. D'abord, vous entendrez la description entière. Ensuite, chaque phrase sera lue deux fois. Enfin, la description entière sera répétée pour que vous puissiez vérifier votre travail. Écoutez.

Aujourd'hui tout est allé de mal en pis. La télévision que j'ai achetée hier ne marche pas bien du tout. Je voulais aller au magasin pour faire une réclamation, mais ma voiture est tombée en panne pendant le trajet, aux heures de pointe. J'ai essayé de téléphoner à une station-service mais personne n'a répondu. Rien ne m'agace plus que de perdre mon temps. Maintenant, je dois demander au chef de rayon du grand magasin de me rembourser le prix de la télévision pour pouvoir faire réparer ma voiture.

Compréhension   CD7–5

Grève des chantiers navals de l'Atlantique

Vous allumez la radio, ce matin, pour écouter les actualités, mais les nouvelles ne sont pas très positives. Cependant, vous vous intéressez aux informations sur la grève des chantiers navals, parce que votre beau-frère y travaille. Voici ce que vous entendez à la radio.

Chantiers navals de l'Atlantique. Rien ne se passe entre la direction et les syndicats. Ils se sont séparés hier après des heures de discussions sans parvenir à un accord. Francis Bédin:
«Sept heures de négociations-marathons, mine désabusée des représentants syndicaux à la sortie de la préfecture. Pas le moindre signe qu'un accord avec la direction est proche. La suppression de 135 emplois est toujours au programme. Le départ en vacances demain de 60 pour cent du personnel n'empêchera pas la mobilisation des troupes. Déjà deux semaines de grève où 3 000 grévistes participent. Francis Bédin. Europe 1.»
Après la pause publicité: le désastre de la gare de Lyon.

Maintenant, arrêtez le CD et faites les exercices dans votre *Cahier*.

À Darty   CD7–6

Pendant la pause, la station pratique le commerce. Écoutez l'annonce publicitaire suivante. Il s'agit du magasin Darty.

Les prix. Les prix bas. Les prix doivent être bas. Alors, en télévision, vidéo, hi-fi, électroménager, les prix bas garantis par contrat. Les prix bas chaque jour. Tous les jours de l'année. Alors… les prix Darty.

Maintenant, arrêtez le CD et faites les exercices dans votre *Cahier*.

Les hypermarchés Continent   CD7–7

Avant d'éteindre la radio, vous entendez une annonce publicitaire pour une vente spéciale de téléviseurs aux hypermarchés Continent.

Les Continents crèvent l'écran. Dans tous les hypermarchés Continent le téléviseur-couleur Thomson, référence 30-07-14R, écran 37 centimètres, consommation 75 watts par heure, ne coûte que 300 euros. 300 euros pour un téléviseur avec télécommande. Foncez — il n'y en a que 15 000, et ça part très, très vite. Continent: le magasin pour vous.

Maintenant, arrêtez le CD et faites les exercices dans votre *Cahier*.

Chapitre 9   Je prendrais bien celui-ci…

Phonétique   CD7–8

Les voyelles nasales

Les voyelles qui précèdent un **n** ou un **m** à la fin d'un mot sont en général nasales. Les voyelles qui précèdent un **n** ou un **m** devant une consonne autre que **n** ou **m** sont aussi nasales. Il y a trois sons nasaux différents:

[ɛ̃] s'écrit: **in, im, ain, aim, un, um, en, ein**
[ɑ̃] s'écrit: **an, am, en, em**
[ɔ̃] s'écrit: **on, om**

A. Écoutez et répétez les mots suivants.

[ɛ̃]	demain	loin	imperméable
	***	***	***
	en commun	examen	enfin
	***	***	***
[ɑ̃]	lent	tellement	autant
	***	***	***
	longtemps	semblable	collant
	***	***	***
[ɔ̃]	constant	volontiers	longtemps
	***	***	***
	blouson	nombre	bon
	***	***	***

B. Écoutez et répétez les phrases qui suivent.

1. À partir de demain, j'apporterai les imperméables et les maillots de bain, enfin!
   ***
2. Ensuite, je mettrai des collants semblables ensemble.
   ***
3. Depuis longtemps ils achètent volontiers des blousons, heureusement!
   ***

La voyelle devant **m** ou **n** n'est pas normalement nasale dans les deux cas suivants: lorsque **m** ou **n** est doublé, comme dans e**nn**emi et ho**mm**e (mais il y a quelques exceptions telles que e**nn**uyer et e**mm**ener), et lorsque **m** ou **n** est entre deux voyelles, comme dans ordi**n**ateur et a**m**i.

C. Écoutez et répétez les groupes de mots suivants.

[ɛ̃] / [ɛ]	[ɑ̃] / [an] — [am]	[ɔ̃] / [ɔn]
vain/vaine	gitan/gitane	bon/bonne
***	***	***
mien/mienne	constant/constamment	son/sonne
***	***	***
tient/tiennent	patient/patiemment	don/données
***	***	***

D. Écoutez et répétez ces phrases, qui contiennent des sons nasalisés et non-nasalisés.

1. Le baron et la baronne ont de très bonnes manières, mais ils sont un peu hautains.
   ***
2. Depuis que ces résidents de Caen sont à Cannes, ils s'étonnent du grand nombre d'habitants d'origine italienne.
   ***
3. Yvonne vient en train pour voir le championnat.
   ***

Les sons [ø] et [œ]   CD7–9

Le son vocalique [ø] se trouve en syllabe ouverte (**peu**) ou en syllabe se terminant par le son [z] (**menteuse**). Il se prononce en arrondissant les lèvres, la pointe de la langue touchant les dents du bas. Il s'écrit **eu** ou, moins souvent, **œu**. Écoutez et répétez les mots suivants:

ceux	eux	vaniteux	paresseuse	vieux	vœu	heureuse
***	***	***	***	***	***	***

E. Écoutez et répétez les phrases suivantes.

1. Malheureusement, Eugénie est trop vaniteuse et paresseuse.
   ***

2. Ces deux vieux jeux rendent l'enfant heureux.
   ***
3. Je peux être plongeuse si je veux, tout comme eux.
   ***

Le son [œ] est plus ouvert en timbre que le son [ø]. On le rencontre en syllabe fermée (**peur**). Il s'écrit aussi **eu** ou **œu**. Écoutez et répétez:

| cœur | veuve | neuf | couleur | professeur |
| *** | *** | *** | *** | *** |

F. Écoutez et répétez les phrases suivantes.

1. Leur jeune professeur a très bon cœur.
   ***
2. Ma jeune sœur est la veuve d'un acteur.
   ***
3. La couleur de leur téléviseur va avec leurs meubles.
   ***

Leçon 1   CD7–10

Conversation

A. Les préférences. Maintenant, écoutez la Conversation (manuel, **chapitre 9,** leçon 1) en prêtant attention aux expressions pour dire ce qu'on préfère.

[Conversation text appears on textbook page 350.]

B. Le son des phrases. Écoutez et répétez ces phrases tirées de la conversation.

1. J'adore les marchés aux puces!
   ***
2. Moi, le cuir, j'adore!
   ***
3. Ah, mais j'aime mieux celui-là, à gauche.
   ***
4. Moi, les trucs de guerre, j'ai horreur de ça.
   ***

Mots et expressions utiles   CD7–11

C. Exprimer ses goûts et préférences. Vous entendrez une question. Répondez-y en recombinant les éléments donnés.

MODÈLE: Vous lisez: des vêtements dans ses prix
Vous entendez: Qu'est-ce que Laure préfère aux vêtements chics?
Vous répondez: *Laure préfère des vêtements dans ses prix aux vêtements chics.*
Vous entendez la confirmation: Oui, c'est ça. Laure préfère des vêtements dans ses prix aux vêtements chics.

1. Aime-t-elle les bas ou les collants?
   ***
   Ah bon! Elle n'aime ni les bas ni les collants.
2. De quoi a-t-elle horreur?
   ***
   D'accord. Elle a horreur des chaussures à talons hauts.
3. Qu'est-ce qui ne plaît pas à David?
   ***
   Oui, c'est ça. Ce costume ne plaît pas à David.
4. Qu'est-ce qu'il n'aime pas du tout?
   ***
   Ah bon! Il n'aime pas du tout ce tapis.
5. Laquelle est-ce qu'ils aiment mieux: cette armoire-ci ou cette armoire-là?
   ***
   Je l'ai remarqué, ils aiment mieux celle-ci.

La grammaire à apprendre CD7–12
Les pronoms démonstratifs

D. On déménage! Vous et vos colocataires venez de déménager. Il reste un tas d'objets que vous avez oubliés et vous vous demandez à qui ils sont. Répondez aux questions de vos colocataires en utilisant des pronoms démonstratifs et les indications suivantes.

MODÈLE: Vous lisez: Oui / Paul
Vous entendez: Est-ce que ce sont les livres de Paul?
Vous répondez: *Oui, ce sont ceux de Paul.*
Vous entendez la confirmation: Oui, ce sont ceux de Paul.

1. Ce sont les chaussettes de Robert?
   ***
   Non, ce sont celles de Paul.
2. Est-ce que ce poster-là appartient à Michel?
   ***
   Oui, celui-là appartient à Michel.
3. C'est le blouson en cuir de Paul?
   ***
   Non, c'est celui de Jean-Jacques.
4. Est-ce que c'est la chemise de Jean-Jacques?
   ***
   Oui, c'est celle de Jean-Jacques.
5. Est-ce que ce sont les disques compact de Robert?
   ***
   Non, ce sont ceux de Michel.
6. C'est le parapluie de Michel?
   ***
   Oui, c'est celui de Michel.

Les adverbes CD7–13

E. Au bureau. Une de vos collègues de bureau vous donne ses opinions sur le reste du personnel. Vous êtes d'accord avec elle, et vous répondez avec des exemples. Dans votre réponse, utilisez les mots donnés ci-dessous et un adverbe qui correspond à l'adjectif entendu.

MODÈLE: Vous lisez: s'occuper des clients
Vous entendez: Maurice est aimable.
Vous répondez: *Oui, il s'occupe des clients aimablement.*

1. Suzanne est une bonne secrétaire.
   ***
   Oui, elle tape bien les lettres.
2. Le patron est gentil.
   ***
   Oui, il traite ses employés gentiment.
3. La réceptionniste est efficace.
   ***
   Oui, elle répond au téléphone efficacement.
4. L'anglais de Georges est mauvais.
   ***
   Oui, il parle mal anglais.
5. Marie écrit des rapports intelligents.
   ***
   Oui, elle écrit intelligemment.
6. Notre directeur est précis.
   ***
   Oui, il explique tout précisément.

Leçon 2 CD7–14

Conversation

A. Les comparaisons. Maintenant, écoutez la Conversation (manuel, **chapitre 9**, leçon 2) en prêtant attention aux expressions pour comparer.

[Conversation text appears on textbook page 362.]

B. Le son des phrases. Écoutez et répétez ces phrases tirées de la conversation.

1. Ils se ressemblent tous.
   * * *
2. Ils semblent tous pareils!
   * * *
3. On m'a dit que les micros ont une plus grande mémoire.
   * * *
4. Est-ce qu'on peut avoir une même qualité d'audio avec le lecteur de cédérom?
   * * *
5. Le problème c'est que le portable est plus pratique mais il coûte aussi beaucoup plus cher.
   * * *

Mots et expressions utiles CD7–15

C. Souligner les ressemblances / les différences. Écoutez et indiquez si ce que vous entendez souligne les ressemblances ou les différences des choses comparées.

1. Ces deux imprimantes sont plus ou moins comparables.
   * * *
2. Ce programme ressemble à l'autre.
   * * *
3. Ces browsers n'ont rien en commun.
   * * *
4. Il n'y a aucune différence entre ces deux claviers.
   * * *
5. Cet ordinateur n'a rien à voir avec celui-là.
   * * *
6. La qualité des graphiques est bien meilleure.
   * * *
7. Celui-ci a autant de mémoire que celui-là.
   * * *
8. C'est le même logiciel.
   * * *

La grammaire à apprendre CD7–16
Le comparatif et le superlatif des adjectifs, des adverbes et des noms

D. Il ne faut rien exagérer! Un groupe de cybernautes se vantent de leurs ordinateurs. Mettez leurs phrases d'abord au comparatif, puis au superlatif. Suivez le modèle et utilisez les éléments donnés ci-dessous.

MODÈLE: Vous lisez: plus / le tien / la classe
   Vous entendez: Mon ordinateur est cher.
   Vous répondez d'abord: *Mon ordinateur est plus cher que le tien.*
   Vous entendez ensuite: Non, mon ordinateur est plus cher que le tien!
   Vous répondez ensuite: *Mon ordinateur est le plus cher de la classe.*
   Vous entendez enfin: Non, mon ordinateur est le plus cher de la classe!

1. Mon imprimante est rapide.
   * * *

   Non, mon imprimante est plus rapide que la tienne!
   * * *

   Non, mon imprimante est la plus rapide de notre groupe!
   * * *

2. Je zappe rapidement.
   * * *

   Non, moi, je zappe plus rapidement que vous!
   * * *

   Non, moi je zappe le plus rapidement de tout le monde!
   * * *

3. Mon ordinateur est puissant.
   ***
   Non, mon ordinateur est plus puissant que les vôtres!
   ***
   Non, mon ordinateur est le plus puissant de tous les ordinateurs!
   ***
4. Je peux formater facilement!
   ***
   Non, je peux formater plus facilement que toi!
   ***
   Non, je peux formater le plus facilement de tous!
5. J'ai un bon ordinateur.
   ***
   Non, j'ai un meilleur ordinateur que toi!
   ***
   Non, j'ai le meilleur ordinateur de toute la classe!

E. Si on compare. Deux groupes de jeunes gens — un groupe américain et un groupe français — se préparent pour faire du camping. Étudiez et comparez les listes des articles qu'ils vont emporter avec eux.

Les Américains	*Les Français*
5 couvertures	3 couvertures
1 casserole	4 casseroles
10 paires de chaussures	7 paires de chaussures
16 paires de chaussettes	9 paires de chaussettes
8 pantalons	5 pantalons
10 sandwichs	10 sandwichs
2 bouteilles de vin	4 bouteilles de vin
5 assiettes	5 assiettes
12 chemises	10 chemises

Écoutez maintenant les affirmations suivantes, et indiquez si chaque phrase est vraie ou fausse en encerclant la bonne réponse. Corrigez ensuite les phrases que vous aurez trouvées fausses et répétez celles qui sont vraies.

MODÈLE: Vous entendez: Les Américains ont plus de casseroles que les Français.
　　　　Vous entourez: FAUX
　　　　Vous dites: **Les Américains ont moins de casseroles que les Français.**

1. Les Français ont autant de sandwichs que les Américains.
   ***
   VRAI
   Les Français ont autant de sandwichs que les Américains.
2. Les Américains ont plus de vêtements que les Français.
   ***
   VRAI
   Les Américains ont plus de vêtements que les Français.
3. Les Français ont autant de chaussettes que les Américains.
   ***
   FAUX
   Les Français ont moins de chaussettes que les Américains.
4. Les Français ont moins de couvertures que les Américains.
   ***
   VRAI
   Les Français ont moins de couvertures que les Américains.
5. Les Américains ont autant d'assiettes que les Français.
   ***
   VRAI
   Les Américains ont autant d'assiettes que les Français.

6. Les Américains ont plus de bouteilles de vin que les Français.
   ***
   FAUX
   Les Américains ont moins de bouteilles de vin que les Français.

Leçon 3   CD7–17

Conversation

A. Les instructions. Maintenant, écoutez la Conversation (manuel, **chapitre 9,** leçon 3) en prêtant attention aux expressions pour donner des instructions, des indications et des ordres.

[Conversation text appears on textbook page 373.]

B. Le son des phrases. Écoutez et répétez ces phrases tirées de la conversation.

1. D'abord tu prends deux tranches de pain de mie.
   ***
2. Ensuite, tu mets une première tranche de fromage.
   ***
3. Et puis, tu mets une tranche de jambon.
   ***
4. Fais attention de ne pas laisser coller le pain à la poêle.
   ***
5. Je ne pige pas!
   ***

Mots et expressions utiles   CD7–18

C. Quelle est la fonction? Dites quelle est la fonction des expressions que vous entendez. Voici les quatre réponses possibles:

a. donner des instructions
b. s'assurer que l'on comprend
c. encourager
d. dire qu'on ne comprend pas

1. Tu te débrouilles très bien.
   ***
2. Je ne pige pas.
   ***
3. N'oubliez pas de faire bouillir l'eau.
   ***
4. Pense bien à faire fondre le beurre.
   ***
5. Peux-tu répéter, s'il te plaît?
   ***
6. Vous vous y prenez très bien.
   ***

La grammaire à apprendre   CD7–19
Faire causatif et les verbes de perception

D. Perception. Laissez aller vos sens! Que voyez-vous? Qu'entendez-vous? Répondez aux questions en employant les verbes de perception que vous aurez entendus et les éléments donnés. La deuxième fois, vous répondrez avec un pronom. [N.B. Utilisez un pronom d'objet direct puisque vous aurez déjà établi le contexte dans la phrase précédente.]

MODÈLE: Vous lisez: passer / des voitures
Vous entendez: Qu'entendez-vous?
Vous répondez: *J'entends passer des voitures.*

Vous entendez: Vous entendez passer des voitures?
Vous répondez: *Oui, je les entends passer.*
Vous entendez la confirmation: Moi aussi, je les entends passer.

1. Qu'entendez-vous?
   ***
   Vous entendez voler un avion?
   ***
   Moi aussi, je l'entends voler.
2. Que voyez-vous?
   ***
   Vous voyez pousser la pelouse?
   ***
   Moi aussi, je la vois pousser.
3. Qu'est-ce que vous avez entendu?
   ***
   Vous avez entendu crier un bébé?
   ***
   Moi aussi, je l'ai entendu crier.
4. Qu'est-ce que vous avez vu?
   ***
   Vous avez vu jouer des enfants?
   ***
   Moi aussi, je les ai vus jouer.
5. Qu'entendez-vous?
   ***
   Vous entendez chanter des oiseaux?
   ***
   Moi aussi, je les entends chanter.
6. Qui avez-vous vu partir?
   ***
   Vous avez vu partir votre mère?
   ***
   Moi aussi, je l'ai vue partir.

E. Chez le directeur. Le nouveau propriétaire d'un restaurant trouve que le gérant est trop indulgent avec les employés. Le propriétaire le convoque *(summons)* dans son bureau pour lui donner des conseils. Écoutez les phrases qu'il dit et transformez-les en ordres en employant le faire causatif et un pronom approprié.

MODÈLE: Vous entendez: Il faut que les serveurs travaillent plus.
Vous dites: *Faites-les travailler plus.*
Vous entendez la confirmation: Faites-les travailler plus.

1. Il faut que tous les employés arrivent à l'heure.
   ***
   Faites-les arriver à l'heure.
2. Il faut que le maître d'hôtel parle plus gentiment avec les clients.
   ***
   Faites-le parler plus gentiment avec les clients.
3. Il faut que le chef crée de meilleurs plats.
   ***
   Faites-le créer de meilleurs plats.
4. Il faut que la serveuse, Céline, fasse attention.
   ***
   Faites-la faire attention.
5. Il faut que la pâtissière prépare de belles tartes.
   ***
   Faites-la préparer de belles tartes.

Dictée   CD7–20

F. Une recette facile à préparer: *Steak Gisèle*. Un chef va vous dicter une de ses recettes préférées. D'abord, écoutez la recette en entier. Ensuite, chaque phrase sera lue deux fois. Écrivez la recette. Enfin, la recette entière sera répétée pour que vous puissiez vérifier votre travail. Écoutez.

Steak Gisèle

Ingrédients: 2 steaks, 500 g de haricots verts, 150 g de champignons, 60 g de beurre, sel, poivre, vinaigre

Lavez les haricots verts. Faites bouillir de l'eau dans une casserole, ajoutez une pincée de sel et faites cuire les haricots verts vingt minutes. Lavez les champignons et découpez-les en tranches. Faites fondre le beurre dans une poêle et faites sauter les champignons deux minutes. Ajoutez les haricots verts, du sel, du poivre, et arrosez d'un peu de vinaigre. Mélangez et tenez au chaud. Faites griller les steaks. Servez aussitôt.

Bon appétit!

Compréhension CD7–21

L'équipement de la maison

Vous écoutez un reportage radiophonique sur le logement des Français. Des statistiques concernant l'équipement ménager vous intéressent tout particulièrement. Écoutez.

> L'équipement ménager, de loisir et de communication continue de se développer dans les logements. Présents dans pratiquement tous les foyers, le réfrigérateur, la télévision et la machine à laver le linge restent les trois grands classiques de l'équipement ménager. La télévision est présente dans 95 pour cent des foyers, dont 73 pour cent ont la couleur. Le lave-vaisselle et le congélateur progressent relativement lentement. Le lave-vaisselle est beaucoup plus présent dans les ménages aisés et dans les familles avec des enfants, où il est évidemment plus nécessaire. Le four à micro-ondes attire particulièrement les jeunes et a fait une entrée remarquée dans les cuisines: presqu'un foyer sur deux en est équipé. Une nouvelle génération d'équipements audio-visuels pénètrent dans les foyers: le magnétoscope, la platine laser et le micro-ordinateur sont en pleine expansion. 96 pour cent des foyers ont le téléphone et 6,5 millions de ménages sont équipés du Minitel.

Maintenant, arrêtez le CD et faites les exercices dans votre *Cahier*.

Les temps sont durs CD7–22

Vous avez très envie d'acheter un magnétoscope. Mais vous n'en avez pas les moyens. Cette annonce publicitaire de la Société Générale, un établissement bancaire, vous donne une idée.

> Je m'étais enfin décidé à acheter un magnétoscope et juste devant le magasin, ma voiture rend l'âme. Tu connais Pauline. Elle va être furieuse.
> Pour toutes vos dépenses, même imprévisibles, la Société Générale a créé le crédit confiance. Une réserve d'argent permanente à un taux très compétitif que vous utilisez comme vous voulez par carte, chèque ou en espèces. Vous remboursez à votre rythme et votre crédit confiance se reconstitue. Et comme à la Société Générale, vous ne payez que les vrais jours d'utilisation, vous êtes gagnants sur tous les plans. Société Générale, conjuguons nos talents.

Maintenant, arrêtez le CD et faites les exercices dans votre *Cahier*.

Travail temporaire CD7–23

Vous êtes président d'une compagnie d'informatique. Votre secrétaire particulière vient de se casser la jambe et elle sera immobilisée pendant un mois. Qui va la remplacer? Vous pensez à l'annonce publicitaire d'une agence de travail temporaire que vous venez d'entendre.

> Votre technicien informatique vient de donner sa démission. Vous avez besoin d'un remplaçant sur l'heure. Il vous faut un technicien informatique professionnel! Un vrai!
> Qu'allez-vous faire? Rechercher un employé permanent pourrait prendre des semaines. Pensez au personnel temporaire. Faites donc appel à Éric Soutou. Chez Éric Soutou, on sait depuis 30 ans que chaque profession a son propre langage, son style, son rythme. Pour tous les postes administratifs, y compris les plus en pointe en bureautique et en informatique, des éléments de haut niveau qui ont déjà travaillé dans votre branche. Et vous ne perdrez pas votre temps. Éric Soutou, son métier, c'est aussi connaître votre métier.
> Éric Soutou, travail temporaire, 01.42.61.56.65.

Maintenant, arrêtez le CD et faites les exercices dans votre *Cahier*.

Chapitre 10 En somme...

Phonétique CD8–2

Révision des *chapitres 6* à *9*

A. Écoutez les mots suivants qui contiennent les semi-voyelles [j], [w] et [ɥ]. Répétez les mots et mettez une croix dans la colonne désignant le son que vous identifiez.

MODÈLE: Vous entendez: nuit
　　　　Vous répétez: *nuit*
　　　　Vous faites: *une croix dans la colonne* [ɥ]

1. fruit
   ***
2. palier
   ***
3. bruit
   ***
4. roi
   ***
5. tatouage
   ***
6. allié
   ***
7. pouvions
   ***
8. voué
   ***
9. ébloui
   ***
10. pluie
    ***

B. Pratiquez maintenant les sons [a] et [i] en répétant les mots que vous entendrez.

1. lasse   lisse
   ***   ***
2. mille   malle
   ***   ***
3. gîte   jatte
   ***   ***
4. fane   fine
   ***   ***
5. pars   pire
   ***   ***
6. dites   date
   ***   ***
7. bise   base
   ***   ***
8. car   kir
   ***   ***
9. s'il   sale
   ***   ***
10. tir   tard
    ***   ***

C. Écoutez et répétez les phrases suivantes qui contiennent le son [r].

1. Le chat de Richard ronronne quand on le caresse.
   ***
2. L'artiste s'irrite quand on rit de ses peintures ridicules.
   ***
3. Lorsque les affaires furent réglées, les représentants leur proposèrent d'aller prendre un verre.
   ***
4. Monsieur Braradur rentrera de Rimini mercredi prochain.
   ***

D. Écoutez les mots suivants qui contiennent les sons [ø] et [œ]. Répétez les mots et faites une croix dans la colonne correspondant au son que vous identifiez.

MODÈLE: Vous entendez: vieux
　　　　Vous répétez: *vieux*
　　　　Vous faites: *une croix dans la colonne* [ø]

1. je meurs
   ***
2. immeuble
   ***
3. crasseuse
   ***
4. lieu
   ***
5. cœur
   ***
6. ceux
   ***
7. sérieuse
   ***
8. eux
   ***
9. sœur
   ***
10. neuf
    ***

E. Écoutez et répétez les phrases suivantes en faisant attention aux liaisons interdites. Marquez les liaisons que vous faites avec un crayon.

1. Comment les Hollandais ont-ils été reçus aux Invalides?
   ***
2. Comme vous allez être heureuse et rieuse!
   ***
3. Les hostilités ont commencé entre ces deux héros quand le grand a accusé l'autre.
   ***

4. Comment ces électeurs audacieux n'ont-ils pas osé parler aux élus?
***

F. Écoutez les mots suivants. Répétez-les et indiquez si la syllabe accentuée contient un son nasalisé ou non-nasalisé.

1. mission
***
2. Christiane
***
3. bien
***
4. viennent
***
5. tonne
***
6. brigand
***

G. Résumé. Écoutez et répétez le paragraphe suivant.

Monsieur Legrand était sorti pour acheter du beurre quand il a rencontré son ami Louis, qui est acteur. Louis lui a demandé d'entrer dans son immeuble pour regarder sa machine à laver, avec laquelle il a des problèmes. La machine faisait un bruit bizarre, strident et continuel. Comment fallait-il s'y prendre? Les deux hommes ont réfléchi un peu avant de décider d'appeler un plombier ou un électricien qualifié.

Maintenant, répétez le paragraphe.
***

Leçon 1   CD8–3

Conversation

A. Compliments et félicitations. En français, il y a plusieurs expressions pour faire et accepter un compliment, et pour féliciter. Écoutez la Conversation (manuel, **chapitre 10,** leçon 1) en prêtant attention à ces expressions.

[Conversation text appears on textbook page 392.]

B. L'intonation des phrases. Maintenant, écoutez et répétez les phrases suivantes. Imitez l'intonation de la phrase en répétant les expressions qu'on utilise pour faire et accepter un compliment, et pour féliciter.

1. Vous avez disputé un match absolument extraordinaire! Toutes nos félicitations.
***
2. Eh bien, je suis évidemment très content d'avoir gagné ce match.
***
3. En effet, j'aurais peut-être pu faire mieux…
***
4. Je dois le féliciter d'avoir joué comme il l'a fait.
***
5. Oui, c'est vrai. Bravo, Jean-Jacques!
***
6. Merci. Oui, je suis content d'avoir réussi comme cela.
***
7. Merci beaucoup, Pierre, d'être venu nous rejoindre.
***
8. Je vous en prie. Ça m'a fait plaisir.
***

C. La bonne réponse. On fait des compliments non seulement aux gens qu'on connaît bien (amis et membres de la famille), mais aussi aux gens qu'on connaît moins bien. Écoutez les mini-conversations suivantes, et identifiez le degré d'intimité qui existe entre les deux personnes qui parlent.

1. — Bonjour, Madame Dugas. Vous avez très bonne mine aujourd'hui.
    — Oh… Vous êtes très gentil de me dire ça.
2. — T'as réussi à tous tes examens? Chapeau, mon vieux!
    — Oh, écoute. J'ai eu de la chance, voilà tout.
3. — T'es toujours très belle, toi. Ta robe est adorable et elle te va à merveille.
    — Tu trouves? C'est sympa. Je l'ai achetée en solde il y a trois ans.
4. — C'était un excellent dîner. Merci encore, madame.
    — Oh, ce n'était vraiment que des choses très simples. Mais je suis contente que cela vous ait plu.

La grammaire à apprendre CD8–4
Les mots exclamatifs

D. Quelle bonne amie! Votre amie Julie est très peu sûre d'elle. Ce soir, vous sortez en groupe et Julie s'est habillée avec soin. Vous la complimentez beaucoup pour la mettre à l'aise. Vous entendrez une phrase que vous devrez rendre encore plus emphatique. Suivez les modèles.

MODÈLE: Vous entendez: Tu portes une jolie jupe aujourd'hui.
Vous dites: *Quelle jolie jupe!*

1. Tes cheveux sont beaux comme ça!
   * * *
   Quels beaux cheveux!
2. Ton chapeau est très original.
   * * *
   Quel chapeau original!
3. Ton pull est bien fait!
   * * *
   Quel pull bien fait!
4. Tes chaussures sont exquises!
   * * *
   Quelles chaussures exquises!
5. Tes bijoux sont magnifiques!
   * * *
   Quels bijoux magnifiques!

MODÈLE: Vous entendez: Tu portes une jolie jupe aujourd'hui.
Vous dites: *Que ta jupe est jolie!*

6. Ta ceinture est très sophistiquée!
   * * *
   Que ta ceinture est sophistiquée!
7. Ton manteau est élégant!
   * * *
   Que ton manteau est élégant!
8. Tu as de beaux yeux!
   * * *
   Que tu as de beaux yeux!
9. Ton maquillage est chic!
   * * *
   Que ton maquillage est chic!
10. Tu es belle ce soir!
    * * *
    Que tu es belle ce soir!

E. Comme vous êtes gentil(le)! Vous êtes de très bonne humeur aujourd'hui et vous faites des compliments à tout le monde. Suivez les modèles.

MODÈLE: Vous entendez: votre ami qui travaille dur
Vous dites: *Comme tu travailles dur!*

1. vos grands-parents qui dansent bien
   * * *
   Comme vous dansez bien!
2. une voisine qui chante doucement
   * * *
   Comme vous chantez doucement!
3. votre mère qui est patiente
   * * *
   Comme tu es patiente!
4. votre professeur qui parle bien anglais
   * * *
   Comme vous parlez bien anglais!
5. votre petite sœur qui lit vite
   * * *
   Comme tu lis vite!

MODÈLE: Vous entendez: vos parents qui sont compréhensifs
Vous dites: *Qu'est-ce que vous êtes compréhensifs!*

6. votre petit frère qui dessine bien
   * * *
   Qu'est-ce que tu dessines bien!
7. vos parents qui sont généreux
   * * *
   Qu'est-ce que vous êtes généreux!
8. vos petits cousins qui sont sages
   * * *
   Qu'est-ce que vous êtes sages!
9. votre hôtesse qui cuisine bien
   * * *
   Qu'est-ce que vous cuisinez bien!
10. votre ami qui travaille dur
    * * *
    Qu'est-ce que tu travailles dur!

Le participe présent CD8-5

F. Deux choses à la fois. Tous les membres de votre famille ont la manie de faire deux choses à la fois. Modifiez les phrases en utilisant le participe présent. Suivez le modèle.

MODÈLE: Vous entendez: Je parle et je mange en même temps.
Vous dites: *Je parle en mangeant.*

1. Papa lit et regarde la télévision en même temps.
   * * *
   Papa lit en regardant la télévision.

2. Mon oncle fume et se lave en même temps.
   * * *
   Mon oncle fume en se lavant.

3. Ma grand-mère cuisine et chante en même temps.
   * * *
   Ma grand-mère cuisine en chantant.

4. Mon frère parle et dort en même temps.
   * * *
   Mon frère parle en dormant.

5. Ma sœur fait ses devoirs et écoute de la musique en même temps.
   * * *
   Ma sœur fait ses devoirs en écoutant de la musique.

6. Ma petite cousine rit et pleure en même temps.
   * * *
   Ma petite cousine rit en pleurant.

G. C'est en forgeant qu'on devient forgeron. *(It's by forging that one becomes a blacksmith. [i.e. One learns by doing.])* Votre ami(e) a beaucoup d'aspirations. Écoutez ses rêves, et donnez-lui des conseils pour les réaliser. Suivez le modèle.

MODÈLE: Vous lisez: étudier
Vous entendez: Je veux réussir.
Vous répondez: *C'est en étudiant qu'on réussit.*

1. Je veux devenir riche.
   * * *
   C'est en faisant des économies qu'on devient riche.

2. Je veux maigrir.
   * * *
   C'est en suivant un régime qu'on maigrit.

3. Je veux comprendre la politique.
   * * *
   C'est en lisant le journal tous les jours qu'on comprend la politique.

4. Je veux faire des progrès en français.
   * * *
   C'est en parlant beaucoup qu'on fait des progrès en français.

5. Je veux connaître le monde.
   * * *
   C'est en voyageant qu'on connaît le monde.

Leçon 2 CD8-6

Conversation

A. Le regret et les reproches. En français, il y a plusieurs expressions pour exprimer le regret et pour faire des reproches. Écoutez la Conversation (manuel, **chapitre 10**, leçon 2) en prêtant attention à ces expressions.

[Conversation text appears on textbook page 403.]

B. L'intonation des phrases. Maintenant, écoutez et répétez les phrases suivantes. Imitez l'intonation de la phrase en répétant les expressions qu'on utilise pour exprimer le regret et pour faire des reproches.

1. Malheureusement... j'ai commencé à perdre ma concentration.
   * * *
2. Si je n'avais pas perdu le service, peut-être que Pierre n'aurait pas pris le dessus.
   * * *
3. C'était risqué d'essayer de le battre à son propre jeu...
   * * *
4. Oui, j'aurais dû sans doute rester en fond de court.
   * * *
5. J'avoue que d'avoir échoué au deuxième set a diminué ma concentration.
   * * *
6. J'ai peut-être eu tort de jouer à Monte-Carlo il y a deux semaines.
   * * *
7. En tout cas, je regrette que le match ait tourné à l'avantage de mon adversaire.
   * * *
8. Oui, si seulement vous n'aviez pas eu ce problème de cheville!
   * * *

C. La bonne réponse. Quand on a des regrets, on fait des reproches. Parfois, on se reproche quelque chose à soi-même, et parfois on fait des reproches à quelqu'un d'autre. Écoutez les phrases suivantes, et indiquez à qui la personne qui parle fait des reproches.

1. À mon avis, tu n'aurais pas dû dire ça.
2. Il ne fallait pas que je dépense tant d'argent!
3. Ce n'était pas bien de parler comme ça à Mamie. Que je suis bête!
4. C'est scandaleux que Paul ne soit pas venu à la fête!
5. Comment avez-vous pu oublier d'envoyer la lettre? C'est très grave, ça!

La grammaire à apprendre CD8–7

Le conditionnel passé

D. J'aurais mieux fait. Donnez des conseils à un camarade de classe qui vous fait des confidences. Écoutez ce qu'il dit, puis dites-lui ce que vous auriez fait à sa place. Utilisez les éléments donnés et mettez le verbe au conditionnel passé. Suivez le modèle.

MODÈLE: Vous lisez: Moi, je... appeler la police.
         Vous entendez: J'ai vu un crime, mais je n'ai rien fait.
         Vous répondez: *Moi, j'aurais appelé la police.*

1. Ma petite amie était fâchée avec moi, mais je ne savais pas comment me faire pardonner.
   * * *
   Moi, je lui aurais acheté des fleurs.
2. Mon nouvel ordinateur n'a jamais fonctionné correctement.
   * * *
   Moi, j'aurais demandé un remboursement.
3. Je ne pars pas en vacances parce que je n'ai pas d'argent.
   * * *
   Moi, j'aurais fait des économies pour pouvoir partir.
4. Je regrette d'avoir pris cet appartement; il est trop petit.
   * * *
   Moi, j'aurais cherché un autre appartement.
5. J'ai perdu tous les matchs de tennis importants.
   * * *
   Moi, je me serais plus entraîné(e) pendant les week-ends.

E. Les reproches. Après les conseils viennent les reproches. Faites des commentaires sur les actions de vos camarades de classe. Modifiez les phrases que vous entendez en utilisant le conditionnel passé. Suivez le modèle.

MODÈLE: Vous entendez: J'ai dépensé tout mon argent.
Vous répondez: *Tu n'aurais pas dû dépenser tout ton argent.*

1. Alexandre a acheté beaucoup de vêtements chers.
   ***
   Il n'aurait pas dû acheter beaucoup de vêtements chers.
2. Nous sommes sortis jusqu'à quatre heures du matin.
   ***
   Vous n'auriez pas dû sortir jusqu'à quatre heures du matin.
3. J'ai bu trop de bière hier soir.
   ***
   Tu n'aurais pas dû boire trop de bière hier soir.
4. Nos amis ont pris un taxi pour rentrer.
   ***
   Ils n'auraient pas dû prendre un taxi pour rentrer.
5. Alexandre s'est battu avec un policier.
   ***
   Il n'aurait pas dû se battre avec un policier.

Les phrases conditionnelles   CD8–8

F. Si j'étais allé(e) en Corse. L'année dernière, un ami vous a invité(e) à passer l'été avec lui en Corse. Malheureusement, vous n'avez pas pu y aller. Vous regrettez toujours cette occasion manquée. Quand on vous pose des questions là-dessus, vous dites ce que vous auriez fait là-bas si vous aviez pu faire le voyage. Utilisez les éléments donnés et suivez le modèle.

MODÈLE: Vous lisez: la cuisine locale
Vous entendez: Qu'est-ce que tu aurais mangé?
Vous répondez: *Si j'étais allé(e) en Corse, j'aurais mangé la cuisine locale.*

1. Qu'est-ce que tu aurais fait le matin?
   ***
   Si j'étais allé(e) en Corse, j'aurais dormi jusqu'à dix heures tous les jours.
2. Avec qui serais-tu sorti(e) le soir?
   ***
   Si j'étais allé(e) en Corse, je serais sorti(e) avec mes nouveaux amis corses.
3. Où est-ce que tu serais allé(e) le samedi?
   ***
   Si j'étais allé(e) en Corse, je serais allé(e) au marché pour faire des courses et prendre des photos.
4. Quels autres endroits est-ce que tu aurais visités?
   ***
   Si j'étais allé(e) en Corse, j'aurais visité le sud de la France.
5. À qui aurais-tu écrit?
   ***
   Si j'étais allé(e) en Corse, j'aurais écrit à tous mes amis américains.
6. Qu'est-ce que tu aurais acheté en souvenir?
   ***
   Si j'étais allé(e) en Corse, j'aurais acheté un buste de Napoléon, bien sûr!

G. Un peu d'aide? Votre petit cousin français ne fait jamais de phrases complètes. Il faut souvent l'aider à terminer ses phrases. Proposez-lui des phrases en faisant attention aux temps des verbes. Utilisez les mots donnés et suivez les modèles.

MODÈLE: Vous lisez: avoir un cheval
Vous entendez: Si j'étais cowboy…
Vous répondez: *Si tu étais cowboy, tu aurais un cheval?*

1. Si nous habitions au Japon…
   ***
   Si nous habitions au Japon, nous parlerions japonais?

2. Si j'allais à Disneyland–Paris…
   ***
   Si tu allais à Disneyland–Paris, tu verrais Mickey?
3. Si je mangeais beaucoup de bonbons…
   ***
   Si tu mangeais beaucoup de bonbons, tu grossirais?
4. Si je faisais un voyage tout seul…
   ***
   Si tu faisais un voyage tout seul, tu prendrais le train?

MODÈLE: Vous lisez: ne pas avoir peur
Vous entendez: Si j'avais vu un monstre…
Vous répondez: *Si tu avais vu un monstre, tu n'aurais pas eu peur?*

5. S'il avait plu hier…
   ***
   S'il avait plu hier, tu aurais joué dehors quand même?
6. Si j'étais tombé…
   ***
   Si tu étais tombé, tu n'aurais pas pleuré?
7. Si j'avais été malade…
   ***
   Si tu avais été malade, tu ne serais pas allé à l'école?
8. Si nous étions allés au parc ensemble…
   ***
   Si nous étions allés au parc ensemble, tu te serais amusé avec moi?

Leçon 3 CD8–9

Conversation

A. Pour résumer. En français, il y a plusieurs expressions pour résumer, quand on parle d'un film ou d'un livre, par exemple. Écoutez la Conversation (manuel, **chapitre 10**, leçon 3) en prêtant attention à ces expressions.

[Conversation text appears on textbook page 412.]

B. L'intonation des phrases. Maintenant, écoutez et répétez les phrases suivantes. Imitez l'intonation de la phrase en répétant les expressions qu'on utilise pour résumer.

1. Alors de quoi s'agit-il? Quel est le thème du… ?
   ***
2. C'est un documentaire car c'est basé sur une histoire vraie.
   ***
3. Il s'agit d'une histoire d'amour entre plusieurs personnages.
   ***
4. L'histoire se déroule sur quatre générations, avec tout un jeu de retours en arrière.
   ***
5. Et l'action se déroule où?
   ***
6. Le contraste entre le passé et le présent a beaucoup à voir avec le thème.
   ***
7. En deux mots, j'essaie de créer un dialogue entre ce qui était rural… et le monde moderne d'aujourd'hui.
   ***
8. Le contraste fait ressortir les parallélismes.
   ***

C. La bonne réponse. Deux personnes parlent de films. Est-ce que leurs conversations sont toujours logiques?

1. Combien de personnages principaux y a-t-il dans le film?
   Ce sont les enfants d'un père cruel et impatient.
2. Y a-t-il des retours en arrière?
   Oui, pour montrer l'enfance du personnage principal.
3. Quand l'action se déroule-t-elle?
   En Afrique du Nord, surtout en Tunisie.
4. Savez-vous le nom du réalisateur?
   Oui, je pense qu'il s'appelle Jean-Luc Godard.

La grammaire à apprendre CD8–10

La voix passive

D. Un film amusant. Votre mère a vu le film *Trois Hommes et un couffin* au cinéma hier soir. Elle vous le raconte et vous la questionnez en reprenant ses phrases et en les mettant à la voix passive. Suivez le modèle.

MODÈLE: Vous entendez: On laisse un bébé à la porte de trois hommes.
Vous répondez: ***Un bébé est laissé à la porte de trois hommes?***

1. C'est la mère qui abandonne le bébé.
   ***
   Le bébé est abandonné par la mère?
2. Au matin, deux des hommes trouvent le bébé.
   ***
   Au matin, le bébé est trouvé par deux des hommes?
3. Une compagnie d'aviation emploie le troisième homme.
   ***
   Le troisième homme est employé par une compagnie d'aviation?
4. Puis, un ami laisse un message téléphonique.
   ***
   Un message téléphonique est laissé par un ami?
5. Le même jour, on apporte un petit paquet.
   ***
   Le même jour, un petit paquet est apporté?
6. Des gangsters menacent les trois hommes.
   ***
   Les trois hommes sont menacés par des gangsters?
7. À la fin, les trois hommes adorent le bébé.
   ***
   À la fin, le bébé est adoré par les trois hommes?

E. Titres de journaux. Au petit déjeuner, on vous lit les grands titres du journal. Puisque vous ne faites pas très attention, vous êtes obligé(e) de répéter tout ce qu'on vous dit en mettant les titres à la voix active. Prenez garde de respecter le temps du verbe dans chaque phrase que vous entendez.

MODÈLE: Vous entendez: Les voleurs de bijoux ont été arrêtés par la police.
Vous répondez: ***Qu'est-ce que tu dis? La police a arrêté les voleurs de bijoux?***

1. Le championnat de football a été gagné par les Français.
   ***
   Qu'est-ce que tu dis? Les Français ont gagné le championnat de football?
2. Une villa sur la Côte d'Azur aurait été achetée par Madonna.
   ***
   Qu'est-ce que tu dis? Madonna aurait acheté une villa sur la Côte d'Azur?
3. Une petite fille a été kidnappée.
   ***
   Qu'est-ce que tu dis? On a kidnappé une petite fille?

4. Le nouveau film d'épouvante est réalisé par un Américain.
   ***
   Qu'est-ce que tu dis? Un Américain réalise le nouveau film d'épouvante?
5. Un bébé a été vendu par sa mère désespérée.
   ***
   Qu'est-ce que tu dis? Une mère désespérée a vendu son bébé?

F. La bonne cuisine française. Connaissez-vous la cuisine et les habitudes alimentaires françaises? Reprenez ces phrases en utilisant une construction pronominale. Suivez le modèle.

MODÈLE: Vous entendez: «Bon appétit»? On dit cela en France avant un repas.
Vous dites: *«Bon appétit»? Ça se dit en France avant un repas.*

1. Le dîner est servi vers huit heures du soir.
   ***
   Le dîner se sert vers huit heures du soir.
2. Le vin blanc est bu avec le poisson.
   ***
   Le vin blanc se boit avec le poisson.
3. La salade est mangée après le plat principal.
   ***
   La salade se mange après le plat principal.
4. Le pain français est vendu aux États-Unis maintenant.
   ***
   Le pain français se vend aux États-Unis maintenant.
5. Le café est pris après le dessert.
   ***
   Le café se prend après le dessert.

Dictée   CD8-11

G. Attendez que je vous explique. Antoine Mailland a quatorze ans. Il est sorti avec ses copains cet après-midi et n'est rentré qu'à huit heures du soir. Ses parents étaient inquiets de son retard. Écoutez-le s'expliquer, puis transcrivez ses explications. D'abord, écoutez ce qu'il dit en entier. Ensuite, chaque phrase sera lue deux fois. Enfin, le message entier sera répété pour que vous puissiez vérifier votre travail. Écoutez.

En bref, j'étais allé au match de basket cet après-midi. Nous nous étions entraînés sans reprendre haleine jusqu'à ce que nous nous sentions prêts. Quelle chaleur il faisait dehors aujourd'hui! Si nous n'avions pas eu tant envie de gagner, nous n'aurions pas continué à jouer comme ça avant le match avec l'autre équipe. Nous avons finalement commencé le match à quatre heures. C'était un match nul quand mon copain Marc est tombé en courant et ne s'est pas relevé. Ce qui s'est passé, c'est que la chaleur avait dû être trop forte pour lui. Il a été transporté à l'hôpital et je suis allé avec lui. En somme, voilà pourquoi je rentre si tard.

Compréhension   CD8-12

Au cinéma

Dans ce chapitre, vous avez discuté de films, de pièces et de romans. Maintenant, vous allez entendre une interview avec une jeune actrice qui a dû chanter dans son dernier film. Elle raconte son expérience.

L'occasion de chanter le blues fut une des expériences les plus merveilleuses de ma vie. Je n'avais jamais chanté auparavant, sauf dans la chorale de l'église quand j'étais petite, mais jamais professionnellement. Alors, j'étais loin d'imaginer qu'un jour je serais sur scène avec Albert Choupin que j'admirais déjà auparavant. Ce qui était fabuleux, c'était de surmonter ma peur comme le personnage dans le film doit surmonter la sienne. Quand est arrivé le moment de l'enregistrement en studio, j'étais vraiment, vraiment en larmes. J'étais là. J'ai dû dire au metteur en scène: «Je n'y arrive pas. C'est impossible. Je ne sais pas chanter. On ferait mieux de trouver quelqu'un d'autre.» Et il m'a répondu: «Pas du tout. Tu as une belle voix. Essaie de ressentir ce que le personnage ressent. Elle a peur, mais elle y arrive.» Alors, je me suis lancée et c'était très gratifiant de vaincre cette peur si bien enracinée en moi.

Maintenant, arrêtez le CD et faites l'exercice H dans votre *Cahier*.

Un résumé du film dont la jeune actrice vient de parler vous est maintenant présenté.

Nuit inoubliable, c'est une folle nuit dans la jungle de Chicago, émaillée de rencontres bizarres et terrifiantes, de bagarres épiques, de coups de cœur aussi. Une nuit inoubliable pour les trois enfants. Chris Balmain:
«C'est un cauchemar burlesque de gentils gosses de la banlieue confortable qui se trouvent d'un seul coup perdus en pleine ville dans son univers impitoyable. Quel scénario! Mais le film traite de beaucoup d'autres choses, c'est difficile de le résumer. Disons qu'il y a une petite fille qui découvre qu'il existe de vrais héros dans la ville, et son frère qui tombe amoureux pour la première fois. Des gosses qui rencontrent leurs fantasmes. Ce film parle de tellement de choses!»

Maintenant, arrêtez le CD et faites l'exercice I dans votre *Cahier*.

Le Tour de France   CD8–13

Un match de tennis fait l'objet des conversations de ce chapitre. Le Tour de France est, lui aussi, un événement sportif mondialement connu. Chaque année en juillet, près de 200 participants parcourent plus de 3 000 kilomètres en vingt jours, espérant porter le symbolique maillot jaune du vainqueur. Chaque année, la course commence dans un endroit différent, mais finit toujours à Paris sur les Champs-Élysées. Les cyclistes parcourent une étape par jour. Vous allez maintenant entendre un reportage sportif sur une étape du Tour de France.

Suivez le Tour de France avec les envoyés spéciaux de France Info et l'informatique Hewlett-Packard... Francis Capelin.
Les choses n'ont pas vraiment traîné dans le Tour de France à l'occasion de la onzième étape, Besançon–Morzine. Cette première étape de montagne voit la victoire d'un Colombien, Fabio Parra, qui n'est pas forcément celui qu'on attendait. Il est arrivé sur la ligne avec vingt secondes d'avance sur Claveyrolat, Rooks, Jérôme Simon, avec vingt-trois secondes sur Zadrobilek, à la tête d'un groupe comprenant tous les favoris ou presque: Mottet, Delgado, Herrara, Pensec, Zimmerman, Alcala, Pascal Simon, Visentini, Pino, Winnen et le maillot jaune, Steve Bauer.
Dans cette étape les différences se sont faites dans les quinze kilomètres d'ascension du Pas de Morgins, un col de première catégorie redoutable dès ses premiers lacets. C'est là que Kelly, Bernard et Fignon vont décrocher. Le Colombien Parra attaquera à quelques kilomètres du sommet. Il va rejoindre dans l'ordre Martinez Oliver et Ludo Peeters, deux coureurs échappés depuis le soixantième kilomètre. Au classement général, Steve Bauer conserve son maillot jaune. Jérôme Simon grignote. Il est deuxième à onze secondes. Breukink troisième à quarante-trois secondes. Quatrième, Mottet à une minute, une seconde. Visentini est à une minute, trois secondes. Delgado à une minute, cinquante-deux secondes. Parra à trois minutes, six secondes et Bernard à trois minutes, douze secondes.
Depuis Morzine, Francis Capelin, France Info.

Maintenant, arrêtez le CD et faites les exercices dans votre *Cahier*.